社会包摂のための
アートプログラム入門

クリエイティブな活動がひらく健康・ウェルビーイング

野呂田 理恵子 著

水曜社

社会包摂のためのアートプログラム入門

まえがき

　船の汽笛や潮の香を風が運んできてくれる横浜で、筆者は子ども時代を過ごした。学校がある山の上から山の下までは坂や階段が、さまざまな方角に向かって刻まれていた。そのどれもが急峻で、授業終わりのチャイムが鳴ると「今日はどの坂にしようか」と、友人たちと相談しおしゃべりしながら、時には歌いながら下る日々であった。

　その目に映った光景は、開港の歴史を切り開いた洋館や教会に象徴される異国情緒なエリア、その世界を支えてきて今は住宅地と表情を変えたエリア、中華街の観光客向けの金赤の表通りと対照的にくぐもった裏路地のエリア、歴史的近代建築と無機質なビル群の官庁街、段ボールハウスが通路の両脇にずらりと並ぶ地下道はJRの駅へと続いていた。それは社会の上流の人々から下流の人々、その川の脇に「宙ぶらりん」としている人々の息遣いを感じる日々であった。タカとユージ（ドラマ「あぶない刑事」）が走り回った後の港湾エリアでは、ここで暮らす人々の蓄積を断ち切るような大規模再開発事業が急ピッチで進んでいることへ違和感をもっていた。この経験が下地となり「公共」の生活の質を上げることに興味を持ち、大学・大学院では環境デザインを勉強した。

　30代に入りアート・デザインの文脈での「公共」を突き詰めたくなった。2005年1月にイギリス・バーミンガムに渡ったところ、文字通りの「多様な人々が暮らす社会」の現実が目の前に現れた。同年7月、ロンドン同時多発テロが起き、世界中の特にヨーロッパの人々を震撼させた。この数週間後には、犯人グループの潜伏先が、筆者の家から2ブロック先にあることが判明する。長年に渡り大規模な雇用をこの地域に創出していた自動車産業が崩壊し、失職者と思われる人々が街でシャウトし、駅・バス停・建物のあちらこちらが壊されていた。

　そのような状況で、多文化共生を目指し、社会包摂を進める政策の一部としてのアート・デザインという分野に出合った。「社会は個人の集

合体でできている」これが、バーミンガムシティ大学で初めて出合った Art, Health and Well-being という学科の指導教官から最初に受けた言葉であった。「公共」で人をアノニマスな存在として読み替えるのではなく、1人ひとりに注目することが核となっている。筆者にとっては目から鱗、子ども時代の終わり頃に得た違和感とつながった。そして、広義でのアートを通して、アーティストやデザイナーが「人々」の中に入っていくことで、皆の意識を変え、社会を変える役割が果たされている様を目の当たりにしてきた。

2010年にはドイツのメルケル首相が「多文化主義は完全に失敗だった」、2011年にはイギリスのキャメロン首相が「国としての多文化主義は失敗した」と発言した。そういった世界的な情勢の中で、日本政府は社会包摂政策を進めている。アート・デザインには人々の意識を変え、皆が暮らしやすい社会づくりを進める力がある。それを日本のハイコンテクスト文化に合わせるには、どのようにハンドリングしていけばよいのだろうか。

本書は、その解の一端を探ることを目標に、現代の新しい社会問題である「社会的孤立・排除」に対抗する「社会包摂」（多様な人たちが参加し、違いを認め合い、誰もがよりよく生きるための社会づくり）を目的としたアートワークショップ（以下、アートプログラム）のフレームワークを明らかにし提案するものである。それは、日本におけるアート＆ヘルス分野の進展に向かっていくものでもある。本書全体の構成は下記のようになっている。

第1章「美術館のワークショップと社会関係構築」では、社会包摂のためのアートプログラムとの差異を見出すために、公共文化施設の教育普及事業として一番歴史が古い、美術館でのワークショップを比較対象として検討する。

第2章「イギリスのアーツ＆ヘルス」では、アーツ＆ヘルス分野が政策上の進展を遂げた下地に「社会包摂政策」があると考える立場を取り、文献調査によって以下の事項を明らかにしていく。第1に1980年代以

降の人々が直面した「社会的排除」とは何か。社会学・社会福祉学の研究分野から概観する。第2にその概観をベースに、政策対応としての社会包摂とは何か。そこに登場するアーツ＆ヘルス分野を、誰がどのように社会政策の1つとして位置づけたのかを明らかにし、第3にその進展の経緯とアート界での土台となっているコミュニティ・アート (Arts in communities) との関係性を先行文献から俯瞰する。第4にエビデンスという観点からアーツ＆ヘルス分野の推進力についてである。

　第3章「日本の社会包摂と文化芸術のアウトリーチ」は、大きく2部で構成される。最初に2010年以降の社会包摂政策や文化政策の動き、その後の文化政策が医療・福祉施設などへのアウトリーチ手法に注目していくという流れを明らかにしていく。それを踏まえて、文化芸術のアウトリーチを病院で行うことで、どのような変化をもたらし得るのかを、2つのケーススタディーをもとに検討する。

　第4章「イギリスのアーツ・イン・ホスピタル」では、2000年以降、イギリス政府が推進していた社会包摂政策の一部として行われた「アートの活用」の具体例を明らかにする。筆者はバーミンガムシティ大学のArt, Health and Well-beingの修士課程に在籍中、アーツ＆ヘルス分野の一つであるArts in Hospitalsを中心に研究を行った。NHSバーミンガム子ども病院 (Birmingham Children's Hospital以下、BCH) が主催する複数のアート活動にアートボランティアとして参加し、ホスピタル・アートマネージャーのジャネット・ヘザリントン氏の協力を得て、2件のアートプログラムの参与観察、アーティストとホスピタル・アートマネージャーへのインタビューを行っている。

　第5章「アートプログラムの効果—小児病棟での試み」では、社会包摂のためのアートプログラムのファシリテーションの有無によって、参加者たちにどのような効果の違いが生まれるのか。筆者が持参した作品の見本と、参加者が制作したものとの離れ度合いによって、通常のアートプログラムとの「効果の違い」を明らかにしていく。

　第6章「アートプログラムと評価方法—壁面アートプロジェクト」で

は、社会包摂のためのアートプログラムの企画提案段階での合意形成や実施後の評価を、芸術文化・医療福祉・出資財団といった複数領域の専門家や実務家で構成されるチームで進め易くする指標を提案する。その検証を、認定特定非営利活動法人ファミリーハウスが運営する、病児と家族のための宿泊施設の1つ「うさぎさんのおうち」で行った壁面アートプロジェクトにおいて行う。

第7章「次世代ユニバーサルアートイベント：9＋3＋3」では、4章から6章までのアートプログラム及びその向上のため評価手法により、日本における「社会的孤立」の深刻化に対応した社会包摂のためのアートプログラムを提案する。このアートプログラムは先に述べたイギリス型のアートプログラムを基底としつつ、日本での一般的なアートワークショップにある構造性やその教育的効果も含んでいる。それらを踏まえて社会包摂のためのアートプログラムの提案内容やその構造を説明する。

比較対象としてのイギリスは、2つの理由から取り上げている。1つ目は社会的孤立・排除の問題に、国の政策として取り組んでいる経緯があり、日本の政策にも多くの影響を与えていること、2つ目に、筆者自身の留学先であり、本研究の基盤となっているためである。

なお、本書は大学学部3、4年次や博士課程前期の学生、本分野に興味を持ち始めた全ての人たちを読者として念頭において書かれている。

＊ 日本国内ではソーシャルインクルージョンの訳語として厚生労働省が「社会的包摂」、文化庁が「社会包摂」としているが本書では後者で統一している。
＊＊ 本書は、女子美術大学の出版助成金の規程による助成を受けて刊行された。

社会包摂のためのアートプログラム入門　　目次

まえがき 4

第1章 美術館のワークショップと社会関係構築
1-1 先導者となった美術館 12
1-2 なぜ美術館がワークショップを行うのか 19

第2章 イギリスのアーツ&ヘルス
2-1 社会的排除とは何か 32
2-2 欧州における排除との闘い 33
2-3 社会包摂政策とマタラッソによる「50の効果」... 36
2-4 参加型アートプロジェクトの源流 48
2-5 社会包摂政策とアーツ&ヘルス 49
2-6 アーツ&ヘルス政策の進展 57
2-7 アーツ&ヘルス分野での概念の定着 62

第3章 日本の社会包摂と文化芸術のアウトリーチ ──医療施設を事例に
3-1 文化芸術による社会包摂 72
3-2 社会包摂とアウトリーチ 73
3-3 医療・福祉施設へのアウトリーチがもたらす効果 ... 74

第4章 イギリスのアーツ・イン・ホスピタル
4-1 バーミンガム子ども病院のアートプログラム ... 88
4-2 思春期患者のためのアートプログラム［ギャラリー37］ ... 91
4-3 アートプログラムを提供する人々の条件と役割 ... 94
4-4 心理的なへだたりをなくすための4つのポイント ... 97
4-5 思春期の患者たちの［ファミリーデー］ ... 102

4-6 ファシリテーターに求められる姿勢・条件・技術 ……… 109
4-7 アーティストに求められる条件・技術 ……… 113

第5章 アートプログラムの効果
── 小児病棟での試み

5-1 実践者による観察 ……… 120
5-2 分析フローの全体像 ……… 123
5-3 APSによってもたらされ得る効果 ……… 126
5-4 プログラムの実施と参与観察 ……… 131
5-5 ダイアリーの記述と効果 ……… 134
5-6 ダイアリーから効果票への抽出 ……… 148
5-7 参加者たちの経験の分析・考察 ……… 150
5-8 ファシリテーション力向上との関係 ……… 154

第6章 アートプログラムと評価方法
── 壁面アートプロジェクト

6-1 ウェルビーイングへの5つの方法 ……… 158
6-2 うさぎさんのおうち壁面アートプロジェクト ……… 164
6-3 プロジェクトの評価 ……… 169
6-4 APSと受動型アートの違い ……… 178

第7章 次世代ユニバーサルアートイベント：9＋3＋3

7-1 アートプログラムで期待できること ……… 184
7-2 一般的なワークショップとの比較 ……… 188
7-3 アートプログラムの構築論 ……… 192
7-4 事後アンケートから導き出された3つのききめ ……… 211

参考文献 ……… 217
あとがき ……… 218

第1章

美術館のワークショップと社会関係構築

1-1 先導者となった美術館

　日本国内のワークショップはこれまで社会教育、なかでも美術館が先導者の一員としてその歴史をつくってきた。はじめに戦後の美術館建設の動きを概観しておくと次のようになる。

　戦後、最初の公立近代美術館として1951年に神奈川県立近代美術館（神奈川・鎌倉）が設立され、その翌年1952年に最初の国立近代美術館として東京国立近代美術館（東京・京橋）が設立された。⁽¹⁾1960年代後半では、東京・神奈川にある美術館は国立（東京国立博物館を含む）の3館と公立の3館のみであったが、⁽²⁾高度成長が続いた1970年代には大阪において日本万国博覧会を経験し、県立の美術館建設が全国に広がった。さらにバブル経済に支えられ、1980年代後半まで市立・区立の美術館が相次いで建設された。

　1970年から80年代に開館した美術館には、県民・市民・区民に「開かれた美術館」「憩いの場」としての新たなる美術館像が求められた。

　「美術や作品を理解するには、まず実技を習得することが大切」という考えが導入されたことで、美術館の基本構想には「みる」に「つくる」「かたる」が加わるようになり、美術館に「実技室」が併設されるようになった。⁽³⁾1970年代以降の実技室併設の美術館のうち、ワークショップの草分けとなったのは1981年開館の宮城県美術館、1986年開館の世田谷美術館、翌1987年開館の目黒区美術館、1989年開館の横浜美術館である。⁽⁴⁾

┤1├ 草創期 1980年代〜1990年代前半 ──────────

齋正弘の功績

　日本の美術館で最初に「ワークショップ」という呼称を持ち込んだの
は、宮城県美術館の普及部学芸員の齋正弘だった。[5] 齋は、宮城教育大学
を卒業後アメリカのブルックリン美術館附属美術学校で彫刻を学び、帰
国後同館建設準備室学芸員となった。

　齋は、美術学校でランドスケープ・アーキテクトのローレンス・ハル
プリンによって1966年に開発された「RSVPサイクル」という街づく
り分野で行われていた集団的な創造を喚起するメソッドを学んだ。[6] 齋
は、そのメソッドで喚起されるはずの集団的創造性ではなく、土台とな
る身体の開放性・能動性を軸にワークショップを考えた。ワークショッ
プとは、「教育を受ける人が意識的に自分の認識を確認し拡大するため
の『手伝いをする』仕事」「教育の主体をあくまで受ける側においた教
育の方法」[7] である、としたのである。前者では参加者の意識的な認識の
確認・拡大、後者では参加者の「主体性」が重視されている。

　宮城県美術館のオープニングでは、前衛舞踏家・田中泯と田中が主宰
する身体気象研究所のメンバーによって、表現のための身体と環境とし
ての身体を見直すワークショップ[8] が行われた。それを元に、開館後、同
館で齋がしばらく担当したワークショップの1つは、「自分の体を見直
しながら、感性をときほぐし、認識に自信を持つための作業」としての
「心体のワークショップ」となった。[9]

降旗千賀子のワークショップ

　1987年開館の目黒区美術館では女子美術大学（工芸専攻）卒業後、武
蔵野美術大学大学院（工芸工業デザインコース）を修了して、開館準備室学
芸員になった降旗千賀子が準備展「プレビュー・目黒区美術館」で同
館での最初のワークショップを開催した。[10] それ以後、同館で降旗自身
がワークショップ教材として作成した「画材と素材の引き出し博物館」

（画材、木、紙、金属の4種類のカテゴリーがあり、それぞれ台車として機能する木のBOXに引き出しが収納されたもの）を土台として、企画展シリーズ「色の博物誌」（子どもも大人も馴染みのある基本的な色を取り上げ、その色材の原料と絵具、そしてそれにまつわる文化と人の関係を考古・民俗・歴史・美術を通して振り返るという趣旨の展覧会とワークショップ）などを生み出してきた。[11] 降旗はワークショップを、技法を教えるなどの美術館側から参加者への一方向的な関わりから、「複数の人々が場所とテーマと時間を共有して、能動的な視線を獲得するための方法論」へと捉え直した。また、美術館でワークショップを行う目的についてはこの「能動性」の獲得の他に「美術館と美術の普及」としている。[12]

高橋直裕「子どものワークショップ」

　1986年開館の世田谷美術館では、武蔵野美術大学（日本画学科）を卒業した高橋直裕が同館建設準備室の学芸員となり、開館記念展「芸術と素朴」の第4部「子どもと障害を持つ人たちの美術」において、子どもたちが土を使ったり、絵の具の中でおぼれているようなワークショップを行ったのが最初である。[13] 高橋は「当たり前の日常生活のなかにも、自分たちさえ意識を働かせていけばいろいろな美が発見できる。そういった美的体験は自分自身が開発していくものだ」「美術はそのための一つのツール」という「日常と美術の関わり合い」を重視する考え方をワークショップ実施の基本軸に据えていた。

　高橋の考えに基づくワークショップの目的は「美術館を必要とする人」を地域社会の中で数多く生み出し、「美術館の社会的な存在意義」を支えること、としていた。[14] そうした理念から、子どものワークショップは美術館を遊び場として体験する「ミュージアム・オリエンテーリング」、さまざまな表現手段を総合して劇をつくり上げる創作仮面劇と、その後継プログラムの「ゲンキニ・エンゲキ」に枝分れしたという。[15]

　この創作仮面劇は、造形表現への偏りを避け「言語表現」「身体表現」「音楽的表現」といった異なる表現手法を総合的に取り入れるために、

開館年の翌年から始められたものである。さらに、「演劇」らしいものにするために開館年の翌々年からは、世田谷に縁のある演劇界の専門家をファシリテーターとして招き、如月小春（きさらぎこはる・劇団NOISEの劇作家）、木野花（このはな・劇作家）、生田萬（いくたよろず・劇団「ブリキの自発団」主宰）と替えながらワークショップが開催されてきた。衣裳も小道具も台本もすべて子どもたち自身がつくり、最後に同館の屋外の大きなクヌギの下で上演会を行うというプログラムであった。[16]

草創期の3つの特徴

美術館でのワークショップ草創期の特徴として以下の3つのことが挙げられる。

①実技出身の学芸員たちが自らの技術を頼りに試行錯誤を重ねていったこと、それが同時期に発生した。

②当時は美術館や美術（アート）の市、区レベルでの社会における認識がなく、美術館とはどういった場所なのか、どのように活用するのかといった、存在意義を広報・周知させていくことがワークショップの目的の1つであったということ。

③参加者にとって教える／教わるといった関係性からは獲得しにくい「主体性」「能動性」や全身を動かし自分自身の五感を含む身体感覚の意識化を図ることで得られる「身体性」などの、学校や会社の中では失われがちな「人間性（力）の回復」がワークショップの目的とされたこと。

┤2├ 発展・拡大期 1990年代後半～2000年代

世界的潮流の波及

1990年代後半～2000年代は世界的に現代美術の潮流変化があり、また、国内的にも学習指導要領の改訂に伴う美術館・博物館との連携の流れが生まれた。そのため、これら2つの外部要因からワークショップ

の動向変化を考察する必要がある。

　1990年代から美術批評家ニコラ・ブリオーによって「リレーショナルアート」と名付けられた世界的な潮流が現れた。アーティストの立場からアートプログラムの変遷を跡付けた岩井成昭は、その論文「国内におけるアート・ワークショップの変遷と課題、そして可能性」においてアマンダ・ヘン (シンガポール在住の華人系アーティスト) によるパフォーマンス《Let's Chat》といった作品を事例とし、アーティストの表現自体に「インタラクティブ性 (双方向性)」の傾向が強まり、その結果としてワークショップ的要素が積極的に作品の構造に取り入れられていったとする。[17]

　現代アートを専門とするキュレーターの長谷川祐子によれば、こうした世界的潮流は「(作家側の) 造形芸術としてのフォーメーションの行き詰まりとアートがイデオロギーと一体化して世界に働きかけていた作用の終焉を迎えて、いかに退屈せず表現行為を継続できるかを模索していた彼らの目に、混沌としてアンビバレントな日常は肥沃な世界に映った」ため、「日常的なテーマを扱いつつ、さらにコミュニカティヴな外観、近づきやすいインターフェース」を持つ作品が生まれたとする。[18]

　2000年12月にはそうした作品群を集めた「ギフト・オブ・ホープ展」が東京都現代美術館で開催された。アーティストのスラシー・クソンウォンによる《フリーフォーオール》では、天井まで釣り下げられたタイのさまざまな日用雑貨をどれでも1つ気に入ったものを持ち帰ってもらうことで観客に美術の制度 (美術館) と日常の生活の境界を越えてもらうプロジェクトが紹介された。また、リー・ミンウェイ (李明維・台湾出身でアメリカを拠点とするアーティスト) による《プロジェクト・手紙をつづる》は、死んだ祖母に手紙を書くことで大きな啓示を与えられた経験から、ブースの中に置かれた紙に観客が心のうちにある人へ手紙を書

き、封を閉じないという選択をして棚に残すと、その手紙がブースを訪れた別の観客によって偶然に選ばれて読まれる、という展開になる。そうして、観客が参加したり、観客と観客が贈与（ギフト）のチェーンをつくり続けるようなワークショップ型の現代アート作品である。[19] 観客が参加し続けることで「作品」になり続けることができ、参加者同士の双方向性・循環性のある「コミュニケーション」のきっかけそのものの提示が作品内容となる。リレーショナルアートは1990年代半ばから世界中に広がったビエンナーレやトリエンナーレの波に乗り、日本国内でも始まった横浜や越後妻有でのトリエンナーレで数多く出品されるようになった。[20] 筆者はリレーショナルアートを、社会包摂のためのアートプログラム（7章）と現代アートとの結節点と位置付けている。

美術館と学校教育の関係進化

国内では1998年に幼稚園、小中学校の学習指導要領の改訂、特定非営利活動促進法によるNPO法人の登場があった。

2002年に学校完全週5日制が導入され、土曜日の子どもたちの受け皿として美術館が期待され、子ども向けの教育普及活動が盛んに行われるようになった。[21]

この時期にはニューヨーク近代美術館で開発された美術館を中心とした対話型鑑賞法が、アメリア・アレナスの著作『なぜ、これがアートなの？』の出版やその内容を基に企画された同名の展覧会（豊田市美術館・川村記念美術館・水戸芸術館）でのギャラリートークを通じて、日本国内に紹介された。この鑑賞法は作品をテーマに、学芸員やボランティアが参加者との〈対話〉を通じて参加者の主体性・能動性を引き出すとともに、深い思考へと導く仕掛けに特徴があり、国内の各美術館でさまざまな試行錯誤を経ながら、現在も鑑賞授業の形式の一翼を担っている。[22]

また、この動向に先駆けて2000年7月から学校と芸術教育をつなぐASIAS（エイジアス／ Artist's Studio In A School ／芸術家と子どもたち）といったNPOが活動を開始した。前述の改訂で設けられた総合的学習の時間

にワークショップを行うため、学校に芸術家（美術、ダンス、音楽、演劇）をコーディネートし派遣するようになった。[23]

アウトリーチ活動のすすめ

　文化芸術の振興による地域づくりを目的とする財団法人地域創造は2001年に「アウトリーチ活動のすすめ」と題した報告書を発刊し、先進事例を持つ全国の美術館・文化会館など対象にした調査を基に、芸術普及活動（ワークショップ、アウトリーチ）などによって芸術に対する市民の理解の促進のほか、文化施設と市民や地域とのつながりに着目している。同報告書では「普段は芸術や文化に縁のない市民、あるいは文化施設に出かけたくてもそれがかなわない人々、そして、自ら文化施設に足を運ぶことの少ない子どもたちに、施設の側からアプローチすることによって、文化施設が対象とする市民の範囲は格段に広くなる」[24]として、芸術家のアウトリーチ（ワークショップ）によってまちづくり・人づくりを行うことがこれからの文化施設の方向性とした。

発展期の2つの特徴

　現在も続くワークショップの発展期に入ってからの特徴には、以下の2つが挙げられる。
　　①学習指導要領の改訂やNPO法などの法整備により、学校への芸術家のアウトリーチ（ワークショップ）が促進されるようになったこと。
　　②現代アートの潮流変化により、国内外で双方向性やコミュニケーションが作品化し、それらがそのままワークショップ型の作品として数多く生み出されるようになったこと、それらが従来から美術館で行ってきた造形ワークショップと親和性を持つようになり、美術館やアートイベントの境界を越えてワークショップ（型の作品）が流通・拡大したこと。

なぜ美術館がワークショップを行うのか

┤ 1 ├ 社会的認知

　美術館でのワークショップは約40年の歴史を持つが、ワークショップそのものについては2001年に至って、中野民夫『ワークショップ─新しい学びと創造の場』が発刊されることで社会的な認知がされたとしていいだろう。同書は中野の1980年代末にアメリカ・カリフォルニア統合学研究所への留学体験を基に、ワークショップの歴史や分類、応用例などその概要を示した日本で最初の書籍となった。

　ワークショップの関係図として演劇・まちづくり・識字教育・Tグループ・エンカウンターグループの動きが図式化されているのであるが、日本にワークショップが紹介されたのは1979〜1981年であるとしている。[25]

　前述のローレンス・ハルプリンが1979年に世田谷区の羽根木公園でまちづくりのワークショップを実施し、1981年には劇団黒テントの成沢富雄らによってフィリピンで民衆演劇運動を行うPhilippine Educational Theater Association（フィリピン教育演劇協会／以下、ＰＥＴＡ）の方法論の導入・実践があった。ハルプリンとＰＥＴＡ（図1、2）の両者に影響を受けたワークショップの実践者に武蔵野美術大学教員の及部克人がいた。[26]東京都美術館で実態的にワークショップとも言える「平面造形講座」の講師であった及部は、目黒区美術館で降旗がワークショップを立ち上げるにあたってアドバイスを行った。[27]

図1 PETA サマーワーク
ショップ2014 演劇制作中
の様子 （撮影 筆者）

図2 PETA サマーワーク
ショップ2014 最終日振り
返りの作品群 （撮影 筆者）

┤2├ なぜワークショップを行うのか

及部と齋の立脚点

　及部は宮城県が美術館の構想段階から普及活動担当者の教育と調査
を準備したことを高く評価していた。当時、及部の指導を受けていた
庄司佳津子（視覚伝達デザイン学科の学生）は宮城県美術館を取材し、卒業
制作パネルを作成した。前述の瀧端真理子（博物館学研究者）は論文の中
で及部と、取材により判明した齋のワークショップに対する考え方の違
い（及部は集団の協働・共感を重視し、齋は個の表現・自立を主張した）について、
下記のように指摘している。[28]

　　専門化された個別領域のなかでの立居ふるまいは、子どものとき
　の全体的な存在からはるかに遠くの地点にあり、人間相互の不信

感を深めることが多い。隣り合う人の顔を見つめ、身体をふれ合うことによる、自由な開放感を求めることをめざしたい。個人のレベルでのものづくりではなく、集団のなかでの〈つくる〉行為を試行するなかで、新しい祝祭のありかが、姿をあらわすのではなかろうか。(及部)[29][下線部・括弧内：筆者]

宮城県美術館の創作室での普及活動について話を始めると、ここの使い方、使われ方について詳しく述べなければいけなくなります。……主として個人の自立性と自主性を尊重した活動が中心となって動いているために、参加者はバラバラで、記録なども非常にとりにくい作業が、基本的な毎日の活動—オープンアトリエと呼ばれています—になっているからなのです。……身体のワークショップが行っているのは、個人的に、各自が表現したいと思うこと、表現したいものを発見すること、または自分の感性に自信を持つことといったようなことです。(齋)[30][括弧内：筆者]

さらに齋は「共同作業への無批判な信頼」に対して、根源的な疑問を提示するとし、瀧端は次の発言を引用する。

美術のようにイメージが優先されて具体的なことや物が組み立てられてゆく作業は、どんなに共同作業であるかのように見えても、基本的には個人の作業に還元してゆく。[31]

日本のワークショップの草分けとも言える及部と齋の考え方の差異は、ワークショップ手法の技術論の習得、向上以前に「なぜワークショップを行うのか」「ファシリテーターは何を目的とすべきか」など、ワークショップ論に対して示唆するものが大きい。そのため、ここでやや立ち入った分析を行うこととしたい。

教育観と表現観の差異

　2人が個人・集団という異なる立脚点を持つに至った背景には、個人・集団への歴史観、教育観とそこに立脚した「表現観」の差異があり、他の文献からそれらを補足しながら述べる。

　齋正弘による論文「ファシリテーションの実際」で、齋は美術と美術館についての歴史観、世界観を述べている。まず、中世から近代にかけて、人は神に代わって（デカルト的意味での）「自我」を発見し、それまで絵画は神の創造物を描いてきたと思ってきたが、実は頭の中にあった（見えた）世界であったことに気づく。その後、人間は描く人の（外界への）「印象」が描けるようになり、他人が見えているものは自分が見えているものと異なることに気づくようになる。やがて、自分の中に分け入った一握りの人によって「抽象画」が描けるようになり、人間の頭の中は全員違っていて、かつ具体的な形になっていなかったことに気づくという。そして、教育も公共的な美術館、博物館も、自立した個人の近代的な自我に基づく自立を支援するためにあるとしている。[32]

　また、個々のイメージが優先される美術（造形表現）の特性として、（参加者同士の）共同作業が成立しにくいものとされる。さらにそこから教育普及活動のあり方が導かれ、創作室での個人の自立性と自主性を尊重した活動を「支援」することになり、庄司佳津子が体験したような身体のワークショップでは、表現することを通して自己表現の意欲、感性への自信の獲得が目指されることになると考えられる。このような見解は、総じて19世紀後半のミュージアムの建設が富裕層による寄付で成立し、かつナショナリズムの影響が相対的に弱い米国的な教育観と言えるであろう。

　齋正弘「ワークショップ―方法論からのアプローチ」において、ワークショップにはシステムとしてのワークショップと方法としてのワークショップの2つの意味があり、前者は先生ではなく生徒の視点に立った教育、先生対生徒という関係がない、または成立しない教育という「考え方」であり、後者は「ローレンス・ハルプリンのRSVPサイクルとい

う方法」をいうとする。さらに後者は個人の認識のジャンプを梃子に参加者の視界の拡大を図るグループ・ダイナミックスを持つが、そうしたワークショップは個人をその人自身の表現の視点へと向かわせたり、気づかせたりしにくいことが多いとした。齋は美術は基本的に個人的な活動であると定義付け、美術館創作室での普及活動と集団でのワークショップは相容れないことを示唆している。⁽³³⁾

間接的な共同性

　一方、及部のいう「個人のレベルでのものづくりではなく、集団のなかでの〈つくる〉行為を試行する」ワークショップとは何を念頭に置いているのであろうか。このことは瀧端が引用した論文全体を把握することから見えてくる。

　及部論文が執筆された1980年代は情報化・電子化が進んだ時代でもあり、(瀧端論文では引用されていないが) 及部論文の冒頭では及部自身の昭和という時代の色が濃い同時代観が「間接的な共同性」「分節化」をキーワードに述べられている。及部は均質なユニバーサル・スペースの、抽象的な空間の中で浮遊する家族や集団の、「間接的な共同性」が私たちの日常を支えており、教育やそれを支える社会的な仕組みは、トータルな存在であった子どもの「時」を「分節化」し、「細分化」された社会的、文化的役割として生きることを方向づけるとしている。

身体の全体性

　及部は、都市での生活や教育の在り方からは、眼前に展開する「身体のうごき」による表現を全体として捉えずに動きや音や光や装置など、自らの分節的な領域においてしか身体を理解しようとしなかったことに気がつき、「身体の全体性」を取り戻すためのワークショップを試行する。東京教育大学 (当時／現・筑波大学) 名誉教授 (専門：体育) であり、さまざまなワークショップ体験から体育での身体の動きに対して、さまざまな表現欲求が自然な動きを誘い出すと説き実践する、松延博とともに

開催した東京都美術館平面造形講座 (1985年10～11月) では、描くという行為を身体の全体性の中で行うドローイングを行った (図3)。及部は全5回のうち、第1回目のワークショップにおいて、

　　「イ　相手の顔をじっとみる。手元の紙に筆で顔を描く。ただし、手元はいっさい見ない」

　　「ロ　相手の顔をじっとみる。手元の紙に筆で顔を描く。ただし、手元を見てもよい」

　という (はじめて出会う) 参加者同士で行う2つのドローイングを設定している。及部によれば、イとロの線の質の違いはあざやかであるとし、「(イの) 手元を見ないときの集中力と、それを身体の動きとして手元につたえるやわらかさが、ロの段階では概念としての顔らしさを求めて線は生気を失う」として、この2つの動きを理解するために、続いて身体のワークショップを行った、とする。(34)

図3 及部克人による平面造形講座「線のドローイング」引用「造形講座と東京都美術館」 https://www.tobikan.jp/media/pdf/2017/archives_90th.pdf

およそ子ども時代には遊びのなかで身体全体・五感を動かしており、友達との遊び場が子ども独自の境界を超えたひろがりを持つ。しかしながら、大人になった私たちの日常の動きは、「昭和の時間の中で方向づけられた文化としての身体の動きが潜在」し、「描くという行為」にもそれぞれの時代、教育の成果、文化の質が自然に現れてしまうため、それらの対抗文化の創造が求められる。自分の中の他者と向き合い新しい関係をつくるための、さまざまな方法の試行がなされるのである⁽³⁵⁾。

　ここまでの論の展開を読んでようやく先の下線部の意味が理解される。

　　個人のレベルでのものづくりではなく、集団のなかでの〈つくる〉
　　行為を試行する

　すなわち、及部は現代の都市生活や消費スタイルがそこに住む1人ひとりに分節的・細分的な社会関係や身体の動きを要求し、いつしか、本来あったはずの身体の全体性、社会関係の豊かさを喪失させているという世界観を持っている。

　その世界観に基づき、自らの身体に宿るそうしたすり込まれた身体の分節化について、身体をさまざまに動かしながら行うことに伴うドローイングのワークショップによって、人間が本来持つ身体の全体性復活と、人間関係の豊かさを取り戻すとともに目指したいとしているのである。

人間の身体にすり込まれたものを問い直す

　齋と及部のワークショップはともに近・現代の教育や生活スタイルによって人間の身体にすり込まれたものを問い直し、本来あるはずの身体の全体性や人間性を回復しようとする創造的な試みである。しかしながら、齋は美術が自己の頭の中のイメージを表出するものであり、その「目的」を容易に行いやすくするために身体ワークショップを設定しているのに対して、及部は描くという行為が自己の身体や社会と切り離されるものではなく、多様な人々とのまちづくりを進めていくうえでの

「手段」として位置づけていることが見出されるのである。

　前述した世田谷美術館における「ゲンキニ・エンゲキ」のファシリテーター・生田萬は演劇の力について下記のように語る。

　　演劇の力の源は、演劇が「永遠の複数」であるところ。共同作業を通じてものをつくりあげるところにある、とぼくは思います。ひとつのものを共同でつくりあげる過程では、当然、さまざまな対立や葛藤が生じます。独りではどうにもならず、それを克服するには「わたし―あなた」の関係を変えてゆかなければなりません。自分をひとにこう見せたい、ひとからこう思われたい、といった思惑をかなぐり捨てて、問題に応じてどんどん更新する必要があります。そう、状況に応じて人間はいかようにも変わりうるのです。でも、日常の関係のなかでは、自分のカラを守りたいばかりに、ぼくたちはその力をほとんど発揮していない。ところが、いったんカラを脱ぎ去れば、そこから、想像もしない偶然のファインプレーが生まれます。それが、演劇の力の源です。[36]

更新される相互の関係性

　生田は演劇のあらすじ・ストーリーづくり・演技など1つの流れの中でメンバー全員が共同で創造していく過程にこそ、自分自身がいつのまにか身に付けたアイデンティティーや性格的な弱さも、そして相互の関係性もプロセスの中で「更新」できる力が演劇にあるとしている。発案者であった高橋が、人々は「日常生活」の中でさまざまな表現（造形・言語・身体・音楽）を（芸術のジャンルのように）意識的に使い分けはしていないと企画したのが「ゲンキニ・エンゲキ」であることからも演劇ワークショップがよりよい日常生活・社会関係へのステップアップ、エクササイズになることがわかる。

┤3├ ワークショップの未来

教育普及事業から見えてくること

　齋（宮城県美術館）、高橋（世田谷美術館）、及部（東京都美術館）の3者のさまざまな教育普及事業から見えてくることは、第1にいずれも何のためにワークショップをやるのかという未来ビジョンがはっきりとしていることである。その実現のために1つの美術館のささやかな営みであっても、そこに資するワークショップの企画をしていることである。第2に身体・造形・演劇ワークショップにそれぞれに特性があり、どういう未来ビジョン・目的を据えるかでどのワークショップを選択するか、あるいはそれらのミックスのさせ方が異なってくるのであり、どれも同じ効果を生む訳ではない。

　3者の事例からは、例えば、まちづくりや豊かな社会関係の構築を目的とするのであれば、演劇ワークショップや身体や造形の統合的なワークショップが向いているのであり、個々の表現意欲の喚起や自立性・自主性の構築を目的とするのであれば、造形ワークショップ（あるいは造形ワークショップと統合的に行わない身体ワークショップとの併催）が向いているということである。

地域ごとの未来ビジョン

　日本の美術館教育普及事業はどこも「美術や美術作品に関心や親しみを持たせる」目的で行われている。それ故、教育普及担当者は技術論に拘泥してしまいがちであるが、地域ごとに、あるいは区・市・県ごとに未来のビジョンがあるのであれば、教育普及事業、特にワークショップはそれに適するものを行ってよいし、ないのであれば練り上げていってよいであろう。ワークショップの草分けたちが模索してきたように、その地域の未来に必要な人間像、社会像が先にあって、それに適するワークショップを実験的に行い、工夫・創造してその効果を検証し、練り上げていくことが最も重要であろう。

27

美術館の造形ワークショップはその導入から約40年の歴史を持つが、文化庁ではパフォーミングアーツ系の社会包摂を主眼とする劇場法の制定はあったものの、美術館を所管する博物館法ではそうした方向性はいまだ出ていない。

　以降の章では、民間・大学の立場で社会包摂のためのアートプログラムを検証し、新しい方向性を提案する。

注

(1) 『これからの公立美術館のあり方についての調査・研究』報告書、(財)地域創造、2008年、p.105.

(2) 『美術手帖 (1968年4月号)』、美術出版社、1968年、p.229.

(3) 降旗千賀子『ワークショップ―日本の美術館における教育普及活動』、富士ゼロックス、2008年、p.10.

(4) 前掲 (1)

(5) 瀧端真理子「宮城県美術館普及部における教育普及活動の展開」(『博物館学雑誌』第31巻第2号所収)、全日本博物館学会、2006年、p.104.

(6) 詳細はローレンス・ハルプリン+ジム・バーンズ『集団による創造性の開発』(訳：杉尾伸太郎+杉尾邦江)、牧野出版、1989年

(7) 齋正弘「ファシリテーションの実際」(高橋陽一編『造形ワークショップの広がり』所収)、武蔵野美術大学出版局、2011年、pp.36-43.

(8) 瀧端真理子「ワークショップと「相談」、あるいは「自立した個人」をめぐって」(『武蔵野美術大学造形ファシリテーション能力獲得プログラム：造形ワークショップの記録と表現による学士力の形成 (2011年度報告書)』所収、武蔵野美術大学、2012年、p.130.) によれば、身体気象ワークショップには驚きの体験［視界を変える］、感覚の再発見［目かくしで見る、触覚で見る、聴覚で見る］、動作の再発見［動きをまねる、速度を変える］、環境への同化［力を抜ききる、呼吸をあわせる］、表現への試み［体験を表現する］といった項目があったという。

(9) 前掲 (5)、p.108.

(10) 降旗千賀子「ワークショップ―能動的な視線の獲得をもとめて」(『武蔵野美術大学造形ファシリテーション能力獲得プログラム：造形ワークショップの記録と表現による学士力の形成 (2010年度報告書)』所収)、武蔵野美術大学、2011年、p.174.

(11) 前掲 (3)、p.30.

(12) 前掲 (3)、pp.17-31.

(13) 高橋直裕「世田谷美術館のワークショップ―二五年間のあゆみ」(高橋陽一編『造形ワークショップの広がり』所収)、武蔵野美術大学出版局、2011年、pp.51-52.

(14) 前掲 (13)、pp.53-54.

(15) 高橋直裕編『美術館のワークショップ―世田谷美術館25年間の軌跡』、武蔵野美術大学出版局、2011年、pp.11-13.

(16) 前掲 (15)、pp.54-60.

(17) 岩井成昭「国内におけるアート・ワークショップの変遷と課題、そして可能性」(『秋田公立美術大学研究紀要』第1号所収)、秋田公立美術大学、2014年、pp.51-52.

(18) 長谷川祐子「記憶の保存庫をひらく「瞬間の出来事」を求めるアートを迎え入れてミュージアムはどう変わっていくのだろうか？」(『美術手帖 (2001年3月号)』所収、美術出版社)、pp.128-129.

(19) 前掲 (18)、pp.118-119.

(20) 片岡真美「見えない糸の価値：リー・ミンウェイとその関係」(『リー・ミンウェイとその関係』(図録) 所収)、美術出版社、2014年、p.13.

(21) 三澤一美「学校外美術教育の歴史的総括」(美術科教育学会美術教育学叢書企画編集委員会『美術教育学の歴史から』所収)、美術科教育学会、2019年、pp.104-105.

(22) アメリア・アレナス『なぜ、これがアートなの？』、淡交社、1998年

(23) 堤康彦「アーティストと子どもたちの幸福な出会い」(佐藤学・今井康雄編『子どもたちの想像力を育む―アート教育の思想と実践』所収)、東京大学出版会、2003年、pp.247-265.

(24) 「アウトリーチ活動のすすめ―地域文化施設における芸術普及活動に関する調査研究」、(財)地域創造、2001年、pp.32-39.

(25) 中野民夫『ワークショップー新しい学びと創造の場』、岩波新書、2001年、p.16.

(26) 森玲奈「日本におけるワークショップの展開とその特質に関する歴史的考察－プラグマティズムとの関連性に着眼して」(『教育方法学研究第39巻』所収)、日本教育方法学会、2014年、pp.54-55.

(27) 前掲 (10)、p.174.

(28) 前掲 (5)、pp.110-113.

(29) 及部克人「身体の復権 表現し、発見し、ともに試行する」(『月刊社会教育351号』所収)、国土社、1986年、p.22.

(30) 齋正弘「体に話しかける、体が話しかける」(『月刊社会教育351号』所収)、国土社、1986年、pp.24-31.

(31) 齋正弘「宮城県美術館―教育普及活動の視点から」("SPACE MODULATOR" No.83)、日本板硝子、pp.4-5.

(32) 齋正弘「ファシリテーションの実際」(高橋陽一編『造形ワークショップの広がり』所収)、武蔵野美術大学出版局、2011年、pp.35-50.

(33) 齋正弘「ワークショップ―方法論からのアプローチ」(全国美術館会議『教育普及ワーキンググループ 活動報告1 美術館の教育普及・実践理念とその現状』所収)、1997年、pp.55-56.

(34) 前掲 (29)、pp.15-21.

(35) 前掲 (29)、p.22.

(36) 生田萬「「世田谷遺産」は一粒で三度おいしい」前掲 (15) 所収、pp.66-67.

第2章

イギリスのアーツ&ヘルス

社会的排除とは何か

　「社会的排除」という用語は、1960年代半ばのフランスで貧困者援助活動を行っていた社会カトリック運動団体であるATD (All Together in Dignity Fourth World ／第四世界) などによって使われ、1974年に刊行されたルネ・ルノワールの著『排除された人々—フランス人の10人に1人』で注目されるようになった。[1]この用語が現在においても意味を持つのは、オイルショック後の1980年代に訪れたポスト工業化とグローバリゼーションといった社会変動と大きく関係しているからである。

　日本における社会福祉学の第一人者である岩田正美は、その著『社会的排除—参加の欠如・不確かな帰属』[2]において、イギリスの社会理論家デヴィッド・ハーヴェイの『ポストモダニティの条件』[3]を引用しながら、なぜ社会的排除が起きたのかについて次のように解説している。

　　グローバリゼーション時代には、フォード自動車のオートメーションによる大量生産組織に代表されるような、主に製造業を中心に発展した、量を追求する生産組織とこれを可能にしたやや硬直的ではあるが安定的な労働体制、また大量消費様式などを特徴とする先進諸国の「工業社会」が動揺する。これらに代わって、コンピューターなど新しい情報技術の発展を基礎に、多様性や質を次々に追及する、フレキシブルな生産・労働組織が求められていく。製造業に代わって、その周辺にあった金融や新しいサービス業などの部門が膨らみ、常に新しい市場を求めて資本が流動する。またこれを可能にするために、労働市場の再編が起こり、一部の中心的な業務には高知識、高スキルを持った労働者が配属さ

れるが、それ以外の業務は断片化され、「柔軟な労働力」としての外部・下請け化や非正規雇用の利用が、移民労働者を含めて拡大されていく。このような労働の再編の中で、夫婦と子を標準型とするような労働者家族もまた大きく変化しつつあり、晩婚化や単身世帯の増大、少子化、離婚・再婚経験の拡大など、生活それ自体も断片化されていく様相を示している。

　岩田は1980年代以降の先進諸国で顕著になったポスト工業化・グローバリゼーション化に端を発し、金融サービス業の膨張・資本の流動・労働市場の再編 (外部・下請け化・非正規雇用の拡大) の順で、家庭・生活・ライフサイクルの変容が起こっており、そのキーワードは「断片化」であると分析した。
　「柔軟な労働力」としての単純労働者は、容易に労働市場から切り捨てられ、それが原因となって家庭生活も崩壊し、労働からも人間関係からも「排除」され、孤立を深めやすい。こうした社会経済的な要因が複合化して至ることが、「社会的排除」の特徴の１つである。

2-2 欧州における排除との闘い

排除と参入

　1990年代のフランスでは若年者の失業問題と長期失業者の問題が「排除」という言葉をクローズアップさせた。当時フランス社会は失業率16％を超え、多くの若者が最初の職業に就くことができないままに

失業した。社会党政府が与党となった1981年において、失業率の45％が25歳未満であり失業中の若者はすでに90万人に上っていた。

「Exclusion (排除)」と対峙する「Insertion (参入)」という言葉は、さまざまな理由から自立した生活を営むことが困難な人々に対して経済的な保障を含めた広範囲な生活機会を保障することで、社会関係や社会的ネットワークを回復させ、自立した主体として社会に参加し、自己実現を図っていくことであり「排除に対する闘い」という意味合いも持つ。

1988年12月には「参入最低所得」制度が実施された。この手当受給者は各自治体が設立する「地域参入委員会」と参入契約を結ぶことで、共同体が策定した社会的参入 (受給者の私生活や家庭生活を保障し、社会的自立に役立つようなさまざまな活動への参加を促す)、職業的参入 (職業訓練や職業資格の取得を後押しする)、経済的参入 (要請などが提供する有償の労働に従事させる) の3つの参入計画の履行が認められた。最低所得の保障はあくまで全体の一部であり、主たる目的は排除の問題と闘うことにあった。[4]

EUの対応

排除の問題について、EU (Europian Union ／欧州連合) ではどのように対応したのであろうか。当時の委員長でフランス社会党出身のジャック・ドロールは、市場・通貨統合と並行して「社会的ヨーロッパ」の建設が不可欠という考えを持っていた。ドロール委員長の再任中にフランスの議論がEUに取り込まれ、1992年には「連帯の報酬を目指して：社会的排除に対する闘いを強め、統合を促す」という文書が発表され、排除は政策上のキーコンセプトとなった。このような流れからフランスで発生した排除の問題への対応は、EUを経由してイギリスでSocial Exclusion (社会的排除) となり、政策に取り入れられていったのである。[5]

ブレアの第3の道

イギリスでは1997年5月の総選挙で18年ぶりに労働党が政権を奪還した。党首であり、首相となったトニー・ブレアは、戦後のイギリス

や西欧に開花した社会民主主義福祉国家 (第1の道) と「小さな政府」を目指したサッチャリズム (第2の道) の土台の上に、市場の効率と社会正義や平等の両立を目指す「第3の道」を新政府のスローガンとした。このスローガンは労働党のブレーンである社会学者アンソニー・ギデンズが提起したものである。ギデンズによれば市場中心・競争万能の新自由主義は一握りの勝者と多数の敗者を生み出し、その敗者は社会的に排除されて社会の底辺に滞留する。排除された者が多くなれば、犯罪の増加、社会秩序の崩壊、労働力の質の低下などさまざまなコストをもたらしかねない。このような「社会的排除」の現象に歯止めをかけ、敗者になりかねない人間を再び社会に参画させる「社会包摂」を掲げ、政策課題とした[6]。

　フランスからEU、さらにイギリスへの流れで、社会的排除とそれに対応する包摂は欧州共通の主たる政策課題となったが、その対応については各国の政治思想上の伝統からニュアンスが変わってくる。「連帯主義」のフランスでは、リスクを共有し合うはずの人々の間でのリスク補償の権利は得るが、社会全体の進歩に貢献する義務を達成できない人がいることを問題視し、個人の「シティズンシップ」を基盤とするイギリスでは、市民権・参政権・社会権を持つ「社会の完全な成員」になりきれないことを問題視している[7]。

社会包摂政策と
マタラッソによる「50の効果」

断たれる関わり

　かつて「ゆりかごから墓場まで」と言われたイギリスの社会保障制度は1980年代以降のポスト工業化やグローバリゼーションが生み出した社会的排除の課題に十分に対応できなかった。労働党が保守党に圧勝した総選挙の7ヵ月後にあたる1997年12月には、ブレア首相はこの社会課題と闘うために首相直属の社会的排除対策室 (Social Exclusion Unit／以下、SEU) を設置した。そこでの社会的排除の定義は以下のとおりである。

　　　失業、低い技術、低所得、不十分な住宅、犯罪が多い環境、不健康、貧困と家庭崩壊といった複合的な問題に苦しむ人々や (そのような人々が多く暮らす) 地域で起きていることを端的に表現した用語 [カッコ内：筆者][8]

　社会的排除とは、人が生きていくうえでの家族・他者・社会とのさまざまな関わりが徐々に断たれ、複合的な不利が重なっている事象である。このような多元的に「参加」が欠如するプロセスを、リーズ都市大学のパーシー・スミスが整理した (表1)[9]。

　ブレア首相はこの課題への平等で持続的なアプローチを見つけ、政策へと進展させるため、SEUの設置時に検討すべき課題を報告するように求めた。これに呼応してSEUは1998年9月に報告書「イギリスを共に築いていこう：近隣再生のための国家戦略／Bringing Britain

表1　社会的排除の起因となる次元と指標

次元	指標
経済的	長期失業、非正規雇用化と雇用の不安定、失業世帯、貧困
社会的	伝統的な家族の崩壊、望まない10代の妊娠、ホームレス、犯罪、若者の不満
政治的	無力さ、政治的権利の欠如、選挙登録の低さ、低投票率、地域活動の低さ、疎外／政治的プロセスでの自信の欠如、騒動／無秩序
近隣関係的	環境評価の低調、住宅ストックの低下、地域サービスの撤退、サポートネットワークの崩壊
個人的	心身の不健康、低学力／低い技術力、自尊感情／自信の喪失
空間的	弱者の集中化／周縁化
集団的	高齢者、障害者、民族的少数者といった特定集団に上記の特徴が集中していること

together: a national strategy for neighborhood renewal」を発刊した[10]。その目標は、全ての最貧な状態にある地域において、長期の失業率を引き下げ、犯罪を減少させ、健康になるようにすることとしていた。また、近隣の再生に向けての政策検討チームの設置が提言された。

PAT（Policy Action Team）

　1998年の年末、各省にまたがる政策テーマが選ばれ、SEUは下記の18の政策検討チームPAT（Policy Action Team）を設置した。これら18のトピックごとにつくられたチーム（表2）は、複数の省庁にまたがったメンバーで構成され、さらに外部の専門家も招集され、主管をSEUメンバーや官庁大臣が務めたことに特徴がある[11]。

　PAT 10は文化・メディア・スポーツ省DCMS（Department for Culture, Media and Sport）を所掌するアートとスポーツに対応したチームである。1999年4月にPAT 10からSEUに提出された報告書では、首相から求められた検討課題は①「脆弱な近隣地区にある人々、特に最も排除されていると感じている人々〜不満を抱いた若者や民族的少数者を、社会に

表2 Policy Action Team1 〜 18

1:Jobs (仕事)	10:Arts and Sport (アートとスポーツ)
2:Skills (スキル)	11:Schools Plus (学校)
3:Business (経営)	12:Young people (若者)
4:Neighbourhood Management (近隣関係マネジメント)	13:Shops (商店)
5:Housing Management (住宅マネジメント)	14:Financial Services (金融サービス)
6:Neighbourhood Wardens (近隣関係の監視)	15:Information Technology (情報テクノロジー)
7:Unpopular Housing (不人気の住宅)	16:Learning Lessons (学びの提供)
8:Anti-Social Behaviour (反社会的行動)	17:Joinig it up Locally(地元とのつながり)
9:Community Self-Help (コミュニティの自助)	18:Better Information (より良い情報)

関わらせるために、アート・スポーツ・レジャーを活用している最良事例」と②「脆弱な近隣地区でのアート・スポーツ・レジャーの活動に伴う、政府の支出に対する政策上の効果をどのように最大化させるか」の2点であるとした。新しい発見として、アート及びスポーツ・文化的活動・レクリエーション活動は近隣地区の再生に貢献でき、脆弱なコミュニティにおける健康・犯罪・雇用・教育の側面に現実的な違いをもたらすことができることを述べている。

　ここでのアートとは演劇・音楽・ビジュアルアートなど、広範囲の芸術の形態を含んでおり、具体的な事例はオペラ・文学・写真・絵画・木彫などである。また、文化的活動として旅行や博物館・美術館へ出かけることが挙げられ、その利益はアートやスポーツと共通するとしている。

　改善すべき点としては、コミュニティのニーズよりもプログラム自身の評価基準に合わせたプロジェクトの実施がなされていることや、アート・スポーツに取り組むことの再生への効果に関する信頼し得る情報の欠如などを挙げた。[12]

アートによる社会的排除への提言

　この報告書によってPAT 10から主務官庁であるDCMSに対して47の勧告が出された。これに対して、DCMSの資金供出先である関係団体であるACE (Arts Council England／イングランド芸術評議会) への勧告は、次の1つだけであった。[(13)]

　　活用、そしてコミュニティ発展の促進はACEの基本方針に含まれることを認識すべきである。ACEは特にその資源をコミュニティの発展に振り分け、ACEの資金供出先と地域芸術協議会もまた、同様の目的で貢献していることを確認すべきである。その目的に対してACEは基本方針とコミュニティ発展の案件への助成決定に、どのように最良事例を見出していくかの計画と、全体としてどのように本報告書に応えていくのかを示していくべきである。

　このPAT 10からの勧告に対し、ACEはその回答を2001年2月に刊行されたDCMSの報告書「Building on PAT 10」のPart 1の第2項に「アート」による「社会的排除への提言：行動指針」を記している。この回答内で注目すべきは下記の2つである。

　　2.8 (略) アーツカウンシルの新しい幕開けを迎えるならば、社会的排除にむけてアートが役割を果たせることを主張する。

　　2.9 (略) 就業、技術の向上、学びの機会などの具体的な社会的・経済的な利益をもたらすなど、コミュニティの発展における不可欠な役割をアートは今までしばしば担ってきた。[(14)]

　ACEはPAT 10からの勧告通りの認識を持つだけでなく、ACEが助成する先の団体・個人にもその活動内容が「社会的排除に対する役割を果たしている」と主張させることをACEの業務に位置づけたのだった。

表3　社会的排除へのアート活動の効果に関する文献レビュー

	内容及び論文タイトル
Ⅰ	アートの社会的効果については幅広の証拠があることを認めながらも、証拠の質や信頼性において均一ではないとするもの
	Coalter. F, "Realising the Potential : the Case for Cultural Services 〜 The Arts", Local Government Association,2001
Ⅱ	社会的結束や地域イメージなど文化プログラムから生じる証拠の幅を強調するもの
	Landry.C, Greene. L, Matarasso.F and Bianchini.F, The Art of Regeneration: Urban renewal through cultural activity, Comedia, 1996
	アートプログラムへの参加の社会的効果を焦点化し、類似の研究アプローチを持つ研究の第2世代を生み出しているもの
	Matarasso, F, "Use or Ornament?: The Social Impact of Participation in the Arts ", Comdeia, 1997
Ⅲ	特定の環境や文脈でのアートの効果研究 (例: arts in education, arts in health, arts in prisonなど)
	Harland.J,Kinder K,Lord.P,Slott.A,Schagen.I and Haynes.J, TheEffects and Effectiveness of Arts Education in School, NFER, 2000

　さらに、アートがコミュニティの発展と個々人に就業・技術力向上・学習機会をもたらすことは、当然のごとく記されている。その根拠はACEがヘレン・ジャーミン (独立研究者) に研究委託をし、同年の2001年9月に発行した "The Arts and Social Exclusion : a review prepared for the Arts Council of England" にある。同書では社会的排除へのアート活動の効果に関する文献デビューを3種類に大別している。[15] (表3)

マタラッソによる6つのフレームワークと50の効果

　表3のうち、Ⅱにはイギリスの政策シンクタンクであるコメディアの代表フランソワ・マタラッソの著作が共著・単著を合わせて2件ある。

　1件目の共著者のチャールズ・ランドリーらは、『創造都市論』の著名な研究者である。2件目の単著の発刊は総選挙があった1997年5月であり、文化・社会政策に優先順位の微調整が人々やコミュニティに現実の社会経済的な利益をもたらすことができるとし、「公共政策にむけ

て参加型アートプロジェクトの役割を発展させた、新たな取り組みのフレームワーク」を構想して政策立案者に推奨している。[16] その発刊時期から、新政権となった労働党の政策に取り込まれることを企図したものとみてよいだろう。

　マタラッソは同著で参加型アートプロジェクトが社会にもたらす6つのフレームワーク（表4）を挙げ、調査結果から得た50の効果を整理している（表5、p.42参照）。[17] これらのフレームワークと効果は1996〜97年に国内の参加型アートプロジェクトに参加した大人（15歳以上）243人、子ども（15歳未満）270人の合計513人にアンケート調査を行い、さらに50件から100件のケーススタディーと、関係者との討論やアートプロジェクトの観察に基づいている。例えば、アンケート調査では、Jubilee Artsのような老舗のコミュニティ・アート団体のアート活動から、ビクトリア＆アルバート美術館でのロンドン貧困地区に住む南アジア出身者向けのアートプロジェクト「シャミアナ」、スコットランドのゲールフェスでのアマチュアによるイベントなど、さまざまな参加型アートプロジェクトの参加者が対象となっている。アンケート内容は「（このアートプロジェクトに参加することで）何か技術を学びましたか」「（このアートプロジェクトへの）参加を通して、何か他のことをやってみる気に

表4 「参加型アートプロジェクトが社会にもたらす50の効果」6つのフレームワーク

Ⅰ	個人的な発展	個人レベルでの変化。自信・教育・技術・雇用
Ⅱ	社会的な一体感	人と人のつながり。文化・世代間の理解、社会の安全向上
Ⅲ	地域力の強化と自治	協議、加入の呼びかけ、コミュニティ先導の支援
Ⅳ	地域イメージとアイデンティティ	所属している感覚、地域らしさ、グループや公的団体としてのイメージ向上
Ⅴ	創造力とビジョン	創造、専門的な実践、リスクへの前向きな対応、期待や象徴への言及
Ⅵ	健康とウェルビーイング	アートイベントなどの参加を通した健康教育、全ての人々の生活・人生の喜びについて

なりましたか」などの24の質問で構成されており、回答は「はい／いいえ／わからない」の選択式とされた。[18]

　イギリスにおける参加型アートプロジェクトの社会的効果について、初の大規模調査となったこの研究で使われた6つのフレームワークはどこから発想されているのだろうか。コメディアでは1990年から多くの研究を政府やその関連機関・外郭団体などから受託してきており、「参加型アートプロジェクトの社会的効果」は主要な研究テーマの1つであった。1993年には、Arts Council of Great Britain（ACEの前身）から受託し、参加型アートプロジェクトの社会的効果に関する最初の調査が行われている。[19]ここでは社会的効果が8つのカテゴリーに見出されており、1997年に発刊された報告論文"Use or Ornament?"（表5）で再検討されて、「個人的な発展」「社会的な一体感」「地域力の強化と自治」「地域イメージとアイデンティティ」「創造力とビジョン」「健康とウェルビーイング（第6章参照）」の6つのフレームワークになったという。[20]

参加型アートプロジェクトと造形ワークショップの違い

　マタラッソがいう社会的効果を生み出す参加型アートプロジェクトと、日本の一般的な造形ワークショップとの違いは、マタラッソが参加型アートプロジェクトの価値を論じた論文で、次の2文に示されている。

　　鑑賞者が創造の過程への参加者に位置づけられているのと、人々が（1人で、もしくはプロフェッショナルな芸術家と組んで）自分自身の作品をかたちづくりアートプロジェクトに積極的に結び付けられているのとでは、（そこに見出される社会的効果や、価値は）本質的に異なるのである。[21]［括弧内：筆者］

　　多くの地域密着型アートプロジェクトが実現されようとすること自体、エンパワーメントそのものである。そのことは最初の出合

いから次に何をすべきかを検討することまで、そのプロセスのすべてがアートプロジェクトである、と理解されるような認識変容を必要とする。[22]

　すなわち、参加者に芸術家が指導することで「個人の」創造性が涵養されることを効果としている造形ワークショップ（造形教室を含む）とは大きく異なり、参加型アートプロジェクトは、一連の作業プロセスへの自分と自分以外の人々の関与や協働を通して「社会的な」創造性や感性を含むさまざまな効果があり、それらを「社会的効果」と総称しているのである。

参加型アートプロジェクトを武器として

　実はマタラッソ自身が、1980年代のサッチャリズムについて、イギリスの都市部の社会的、経済的損傷の要因であり、「社会的孤立」や「シティズンシップの剥奪」を広げているとの見方をしていた。マタラッソが2本の報告書（論文）を通して、参加型アートプロジェクトによる社会的効果の存在を訴えたのは、それが「社会的排除との闘い」の重要な武器になると考えていたことと深く関係がある。[23] マタラッソは“Use or Ornament?”が発刊された年の12月にPAT10の外部専門家10人の1人として、また、唯一のアート関係者として選出されている。[24]

　その後、マタラッソ論文の影響により、DCMSとACEが資金を助成する美術館・博物館などにおいては、社会包摂を進める具体的な手法として、参加型アートプロジェクトの「社会的効果」を意識した取り組みが推奨されることとなった。[25]

表5

THE STUDY SHOWS THAT PARTICIPATION IN THE ARTS CAN

I Personal Development

01 Increase peopl's confidence and sense of self-worth
02 Extend involvement in social activity
03 Give people influence over how they are seen by others
04 Stimulate interest and confidence in the arts
05 Provide a forum to explore personal rights and responsibilities
06 Contribute to the educational development of children
07 Encourage adults to take up education and training opportunities
08 Help build new skills and work experience
09 Contribute to people's employability
10 Help people take up or develop careers in the arts

II Social Cohesion

11 Reduce isolation by helping people to make friends
12 Develop community networks and sociability
13 Promote tolerance and contribute to conflict resolution
14 Provide a forum for intercultural understanding and friendship
15 Help validate the contribution of a whole community
16 Promote intercultural contact and co-operation
17 Develop contact between the generations
18 Help offenders and victims address issues of crime
19 Provide a route to rehabilitation and integration for offenders

III Community Empowerment and self-determination

20 Build community organisational capacity
21 Encourage local self-reliance and project management
22 Help people extend control over their own lives
23 Be a means of gaining insight into political and social ideas
24 Facilitate effective public consultation and participation
25 Help involve local people in the regeneration process
26 Facilitate the development of partnership

参加型アートプロジェクトが社会へもたらす50の効果

意訳：野呂田理恵子

Ⅰ 個人的な発展

01 自信と自尊心を高める

02 地域での社会活動への参加を広げる

03 他者からの見え方を通して、自分の良さを見つける

04 芸術への興味と自信を刺激する

05 個人の権利と責任を検討する場を提供する

06 子どもたちの教育的な発達に貢献する

07 成人が教育や訓練の機会を得るよう奨励する

08 新しい技術や実務経験の構築を支援する

09 人々の雇用の可能性に貢献する

10 芸術分野でのキャリアを築く、または発展させるよう支援する

Ⅱ 社会的な一体感

11 友達や仲間づくりを助けて孤独感を減らす

12 地域ネットワークと社交性を育む

13 寛容さを促進し、対立の解決に貢献する

14 異文化間理解と友好関係の場を提供する

15 コミュニティ全体の貢献を視野に入れた検証に協力する

16 異文化間の接触や協力を促進する

17 世代間の交流を育む

18 犯罪者と被害者が犯罪問題の解決のために努力するよう支援する

19 犯罪者に更生と社会復帰の道を提供する

Ⅲ 地域力の強化と自治

20 コミュニティの組織力を構築する

21 地域の自立とプロジェクト管理を推奨する

22 人々が自分自身の生活をコントロールできるよう支援する

23 政治的及び社会的な意見に対する洞察力を得る

24 効果的な公的協議と参加を促進する

25 再開発のプロセスに地域の人々を参加させるように支援する

26 パートナーシップの発展を促進する

27 Build support for community projects
28 Strengthen community co-operation and networking

IV Local image and identity
29 Develop pride in local traditions and cultures
30 Help people feel a sense of belonging and involvement
31 Create community traditions in new towns or neighbourhoods
32 Involve residents in environmental improvements
33 Provide reasons for people to develop community activities
34 Improve perceptions of marginalised groups
35 Help transform the image of public bodies
36 Make people feel better about where they live

V Imagination and vision
37 Help people develop their creativity
38 Erode the distinction between consumer and creator
39 Allow people to explore their values, meanings and dreams
40 Enrich the practice of professionals in the public and voluntary sectors
41 Transform the responsiveness of public service organisations
42 Encourage people to accept risk positively
43 Help community groups raise their vision beyond the immediate
44 Challenge conventional service delivery
45 Raise expectations about what is possible and desirable

VI Health and well-being
46 Have a positive impact on how people feel
47 Be an effective means of health education
48 Contribute to a more relaxed atmosphere in health centres
49 Help improve the quality of life of people with poor health
50 Provide a unique and deep source of enjoyment

27 コミュニティプロジェクトの支援体制を構築する

28 地域社会の協力とネットワークづくりを強化する

Ⅳ 地域イメージとアイデンティティ

29 地元の伝統と文化に対する誇りを育む

30 人々の帰属意識と関わり合いを感じられるようにする

31 新しい街や近隣の人々でコミュニティの伝統をつくる

32 環境改善に地域住民を参加させる

33 人々がコミュニティ活動を展開する根拠を提供する

34 疎外されたグループに対する認識を改善する

35 公的団体のイメージ変革に支援する

36 自分の居住地域によりよいイメージを持てるようにする

Ⅴ 創造力とビジョン

37 人々の創造力を伸ばすよう支援する

38 消費者とクリエーターの区別を徐々に無くす

39 人々に自分の価値観や存在意義、夢を探求できるようにする

40 公的セクターおよびボランティアセクターにおいて専門性の高い実
践を充実させる

41 公共サービス機関の対応力を変革する

42 人々がリスクを前向きに受け入れられるよう自信を与える

43 コミュニティグループが直面する問題や状況を超えて、将来のビジョ
ンを高めるように支援する

44 従来の社会的なサービスを提供することに挑戦する

45 何が可能で何が望ましいのかについて期待を高める

Ⅵ 健康とウェルビーイング

46 人々の気持ちに前向きな影響を与える

47 健康教育の効果的な手段となる

48 医療機関のよりリラックスした雰囲気づくりに貢献する

49 健康状態が悪い人々の生活の質の向上を支援する

50 ユニークで奥深い楽しみを提供する

引用「Use or Ornament?: The Social Impact of Participation in the Arts」
Summary, p14, p26, p37, p47, p56, p64
https://arestlessart.files.wordpress.com/2015/09/1997-use-or-ornament.pdf

2-4 参加型アートプロジェクトの源流

コミュニティ・アート運動

　こうしたマタラッソの思考はどこに由来するのであろうか。これはマタラッソが1960年代から始まったコミュニティ・アート運動のアーティストであったことと深く関係すると考えてよい。

　コミュニティ・アート（運動）についての、邦文での最新の研究は、小林瑠音による論文「1960年代から1980年代における英国コミュニティ・アートの変遷とアーツカウンシルの政策方針」が詳しい。同論文はコミュニティ・アートのアーティストであったオーウェン・ケリーの論考を下敷きにしながらコミュニティ・アートの特徴をまとめている。1960年代後半に見出されるのは「集合的創造性」「非専門家の参加」「文化の民主化」の3点であるという。[26]

　これら3点の関係性は同時代にアメリカで起きた公民権運動に代表されるような、さまざまな政治的アクティビズム（積極行動主義）が世界各国に広がるなか、イギリスではコミュニティ・ディベロップメント運動とともに、主要産業であった製造業の衰退に伴い、コミュニティの衰退も起きたインナーシティーなどで主に展開されたものである。[27]

　政府からのアートの市民への啓蒙に拮抗し、地域住民たち自身が自発的、集団的に創造できるようにアーティストが介入し、アート作品として社会的な自立を目指した側面が強い。このコミュニティアートが1990年代以降、刑務所など他の領域とも接点を持つようになり、それぞれの領域でのサブカテゴリーを形成するなど発展していった（図1）。

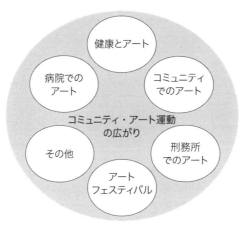

図1 コミュニティ・アート運動の広がり（2000年代）

2-5 社会包摂政策とアーツ&ヘルス

健康改善にアートを

　近隣地区の再生を目指しPAT10が提示した47の勧告のなかにはDH（Department of Health ／保健省）に対するものもあった。その勧告とは、NHS（National Health Service ／保健当局・国立病院）とHAZ（Health Action Zone ／健康活動推進圏）は予防医療、心身の健康改善のために、アートやスポーツを使うべきというものである。[28]

　表3のⅢにあるハーランドらによる著書では、アート・音楽・演劇・ダンスを使った教育の効果として「アートの形式に関連した技術や知識の増加」「社会的・文化的な問題の知識の向上」「創造力や思考力の発達」「コミュニケーションや表現技術の拡大」などが挙げられており、

これらの個人的・社会的発達の効果の多くは、現代の若者間にある不満や社会的排除への対応として高い妥当性があるとしている。また、例示にあるArts in Health（アーツ＆ヘルス, Arts for Healthと同意／各省によって名称が異なる）については、HDA（Health Development Agency／保健発達局）が2000年に発刊した報告書「Art for Health」に触れ、参加型アートプロジェクトに参加した者はアートに関連した特別な技術を学ぶことができ、就業できる可能性が高くなるとし、就業・雇用問題の解決へとつながっていることを明示している。[29]

社会経済的な決定要因

　この報告書「Art for Health」は1998年10月にHDAの前身であるHEA（Health Education Authority／健康教育機関）が「健康とウェルビーイング」と「参加型アートプロジェクト」の相関関係についてレビューを行い、同分野の成功事例のデータベースを作成することを目的に外部委託したものである。ここでは、健康とウェルビーイングについて、医療的な決定要因だけでなく社会経済的な決定要因もあるという文脈での調査がされた。[30]1980年のブラックレポートにおいて社会階級の高低がそのまま健康の格差（死亡率の高低）に明示されていることから、健康を決定する要因が社会経済にもあるという見解である。イギリスではこのような健康格差は第二次世界大戦後30年以上もの間、続いていた。

健康の不平等

　1998年12月、UCL（University College London）の「健康と社会」国際センター長であったドナルド・アカーソンによってレポート「健康の不平等」が発刊された。[31]そこでは健康の決定要因が、所得格差とそれから発生する社会経済的な不利と、個々人のライフスタイルの複合として理解されている。イギリスではじめて健康に社会経済的な要因が絡んでいることを提起したブラックレポート以来、議論の対象になってきた社会経済的な決定要因の存在を、アカーソンレポートは改めて公的に認め、

さらにその要因による健康格差が拡大しているとしたのであった。

　同レポートでは、健康の不平等を減らすために39の主要な勧告を行っている。そこで大局的には、所得格差の是正やすべての４歳児へのプレスクールに通う機会の提供などを「上昇気流」として、処方箋でニコチンを代替する治療法の提供や、身体運動のためにより良い施設を利用可能にすることなどを「下降気流」として、医療的要因と社会経済的要因の両方を視野に入れた政策が勧告されたのであった。

　　それ故、我々は「上昇気流」と「下降気流」の両方の政策〜 (個々人の) 健康行動により狭く影響するものだけではなく、所得格差・教育・治安・住宅・労働環境・雇用・社会的ネットワーク・交通・公害といった健康の不平等により広く影響するものに対応するよう、勧告してきた。我々は民族や性別によっても、ライフコースのさまざまな段階で健康への影響があると見做している。[(32)]

　イギリスにおいて健康の不平等問題がどのように論じられてきたのかを概観した論文「健康の不平等：概念、フレームワーク、政策」では、健康の決定要因の関係性をわかりやすく図解している。それを翻訳し転載したものが図２となる。

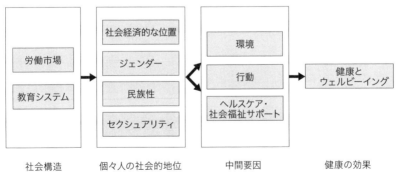

図2 健康の決定要因はどのように連鎖しているか

同論文で、この図は主に所得格差を伴う社会的地位の相違が健康を害するリスクの相違につながることを主軸として描かれている。中間要因には居住環境や喫煙といった「環境」「行動」があっても、それに対してのケア(治療)や福祉的なサポートを得られる場合は、病気や怪我になる程度が変わってくるため、「ヘルスケアと社会福祉的サポート」も含まれるとしている。また、逆向きに不健康や障害(健康とウェルビーイング)が「個々人の社会的な地位」に影響することもあるとしている[33]。

26地区でのプログラム

　このレポートで報告された社会経済的な要因による健康格差の問題は、1999年7月にDHから出された公衆衛生白書"Saving Lives: Our Healthier Nation (命を救うこと：より健康な私たちの国)"において対応策が打ち出された[34]。なかでもHAZ (Health Action Zone) の政策は、もっとも貧困な地方及び都市部の地区を選定して、そこで地方当局及び健康地方当局を含む多元的な構成によるパートナーシップで、その社会経済的な要因の解決を目指したものであった。

　1998年4月に11地区、1999年4月に15地区の合計26地区が選定された。人口や地方当局及び地方健康当局の構成から、人口18〜26万人のルートン地区(タウン)・プリマス地区(シティ)、人口30〜49万人のサンドウエル地区(メトロポリタンバラ)・ブラッドフォード地区(シティ)、人口30〜73万人のシティ&東ロンドン地区・北カンブリア地区、人口77〜110万人のタイン&ウイア地区(メトロポリタンカウンティ)・マンチェスター地区(バラ・シティ)と大きく4分類される[35]。

　HAZごとに健康改善や健康の不平等を減らすためのプログラムが行われ、その件数は26地区の総計で214件になった。これらのプログラムの内容とその実施割合は

　　① 特定の人種・年齢層 (若年層／高齢者層／アフリカン・カリビアン及びエスニックなど15.9%)

　　② 健康問題 (心臓発作／がん／肥満／身体障害／学習障害／精神的健康／

性的健康など13.1％）

③　健康の決定因子（住居／雇用／教育／物理的環境／交通／ライフスタイ
　ル／犯罪／仕事場など28.4％）

④　健康と社会的ケア（初期診療／急性診療／健康教育など12.2％）

⑤　内部プロセス（戦略的な発展／調査／パートナーシップの能力13.5％）

⑥　コミュニティ・エンパワーメント（11.6％）

であった。[36]

特にタイン＆ウイア地区では"Common Knowledge"と名づけられた、
「アートと健康」の関係に関心を持つ、地方当局・アート・教育・健康
の各分野出身の人々から成る多層的なネットワークができあがった。

「健康は何を意味するのか？」「アートはどのように健康の改善に関わ
れるのか？」そうした大きな問いを背景に、アーティストがデザインし
た健康キャンペーンのポスターを地区全域の公共交通機関に貼るなど
の50件ものプログラムを通じて、「Arts in Healthという概念は一般の
人々にとって把握可能である」と認識された。[37]その後、このHAZへの
評価は4年間という短い期間の取り組みだったこともあり、健康改善そ
のものへの効果ではなく、地区内のパートナーシップ構築や健康の不平
等問題への認識の向上に貢献した、と位置づけられている。[38]最終的に、
HAZは2002年には近隣地区再生国家戦略に継承された。[39]

研究計画の3段階

ここで前述のHDAの報告書に戻ると、ここでは研究計画を3段階に
分けている。

①　Art for Healthに関する文献レビュー

②　Art for Healthの成功事例の選定とインタビュー調査

③　健康教育・コミュニティへの参加促進、能力の開発、地域都市
　再生の目的と結びついたアートプログラム（合計246件）へのアンケー
　ト調査

である。

文献レビュー

　①文献レビューにおいて、先行研究は大別して表6の3つに分けられる[(40)]。

　1990年代の人文系の学界で大きな注目を集めたアメリカの政治学者ロバート・パットナムによるソーシャルキャピタル論（社会関係資本論）は、「健康とウェルビーイング」の主要な決定要素の1つとして社会的なつながりを強調した。HEAではその時代には「健康とウェルビーイング」が研究テーマの1つとなっており[(41)]、表6のⅢにあるように、後継の研究が実施されていた。

　ここで重要なのはACEでの文献レビューにおいてもHEAでの文献レビューにおいてもマタラッソの論文を取り上げ（表3Ⅱ及び表6Ⅱ）、社会的効果へのアプローチが挙げられていることである。これは2000年頃には、DCMSの外郭機関であるACEが「社会的排除との闘い」を目的とした参加型アートプログラムを支援しつつ、その延長線上に「健康との関わり」を視野に入れて進めてきた評価研究と、DHの外郭機関であるHDAが健康の社会経済的決定要因を視野に入れて進めてきた

表6 Art for Health に関する文献レビュー

	内容及び論文タイトル
Ⅰ	特別な健康の成果に転化し得る自尊感情やウェルビーイングにアートがどの程度寄与できるかにつながる健康を中心とした研究アプローチ
	Argyle,M.,Martin,M.and Lu,L. "Testing for stress and happiness: the role of social and cognitive factors" in Spielberger ,C.D. and Sarason,I.G., Stress and Emotion,No.15,1995
Ⅱ	完成作品の重要性だけでなく、アートプロジェクトの社会的効果を検討する重要性に基づいた社会文化的な研究アプローチ
	Matarasso, F. "Use or Ornament?：The Social Impact of Participation in the Arts ", Comedia, 1997／Matarasso,F. and Chell,J. "Vital signs: mapping community arts in Belfast", Comedia,1998
Ⅲ	社会関係資本を醸成する文脈でのアートイニシアチブの役割の理解と理論化を提供する方向でのコミュニティを中心とした研究アプローチ
	Campbell,C., Wood,R. and Kelly,M. "Social capital and health", HEA, 1999 など

「アートプログラム」の評価研究が、同一軸上にあることを意味している。

　言い換えると、アートへの支援を主な業務とするACE側は、参加型アートプログラムを手段として、社会的な孤立の状態から包摂された状態にすることを目的としたが、それが達成されていれば影響が出るはずの指標の1つを「健康」とした。

　一方で、国民の健康を守ることを主な業務とするDH・HDA側は参加型アートプログラムによって社会的孤立に対処し、社会経済的な決定要因から「健康」に至らせることを目的とした。
　両者は参加型アートプログラムによって、人々を社会的孤立の状態から包摂された状態にし、その結果、健康に至らせるという点でほぼ同一である。それは目的を社会包摂全体に置くか、あるいは健康に置くのか、それぞれの省の軸足の違いでしかない（図3・図4）。

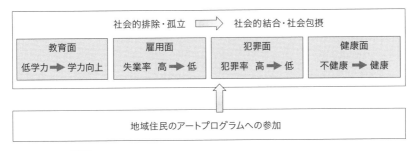

図3 ACEの戦略

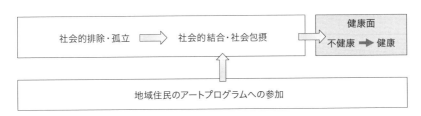

図4 DH・HDAの戦略

アートやスポーツへの参加がもたらす利点

先の公衆衛生白書の第4章「コミュニティーズ：不健康のより広い原因に取り組むこと」では"Healthy neighborhoods（健康な近隣地区）"と題して下記のとおり記載されている。

> 近隣地区再生政策実行チームは、社会的排除対策室によって立ちあげられ、アートやスポーツへの参加が強い社会的ネットワークを築き、社会的結束を促進が可能なことを見出している文化・メディア・スポーツ省によって率いられる。すべての健康圏、健康生活センター、かかりつけ医は、地域住民に活動的なライフスタイルを勧め、潜在的にアートやスポーツへの参加がもたらす利点を提示する。[42]

この記載からは 1999年4月のDCMSが所管する PAT 10のレポートを受けて、1999年7月時点でDH側が「DCMSがアート活動への参加が社会的結束を促進することを発見した」と追認していることは明らかである。DH－HDAとDCMS－ACEの本省外郭機関ラインで、そのことを肯定的にとらえていたことが HDA（2000）、ACE（2001）の2つの社会包摂のためのアートプログラム評価研究の前提にあったことがわかる。

アート活動への参加と健康改善

前述した研究計画の3段階の③アンケート調査の評価軸はマタラッソの6つのフレームワークとほぼ同様である。セクションCでは「プログラムはコミュニティの発展を高めるのにどんなふうに役立ったか？」という設問のもと、自由回答形式であり、その他選択回答式の「見方や行動の変化」「社会的一体感」「地域力の強化と自治」「地域イメージとアイデンティティ」「健康とウェルビーイング」の項目が設定された。

特にセクションDの健康とウェルビーイングとの関係では「プログ

ラムがどのように地域の健康改善に寄与しているか?」の設問があった。この調査の対象となった90プログラムのうち、ほとんどが自尊感情の向上による健康改善にアートプログラムが寄与していると回答しており、82％の人々が参加した結果、自信が増したと回答している。また76％の人々が生活の質が改善し、そのことが地域力を高めたとしている。[43]

2-6 アーツ&ヘルス政策の進展

ロザリア・スタリコフの調査

　2003年9月、ＡＣＥがＤＣＭＳに提出した2003年から2006年の法人（経営）計画ではアーツ&ヘルスに関する戦略を発展させることが含まれている。この戦略の中にアーツ&ヘルスに関する政策の発展を国民に知らせるためにアーツ&ヘルスの文献レビュー "Arts in health : a review of the medical literature（健康分野でのアート：医療関連のレビュー／以下、メディカルレビュー）" が外部委託された。

　受託者はNHSチェルシー&ウェストミンスター病院のロザリア・スタリコフであった。[44] この病院は1995年にイギリスで最初に、毎週ライブパフォーマンスをスタッフや訪問者のために提供したところであり、また、イギリス初の「アートによる患者のウェルビーイングへの影響」について調査を実施したことでも知られており、国外からアーツ&ヘルス分野の専門家が見学に訪れている。

　スタリコフはイギリスのアーツ&ヘルス分野の草分け的な人物である。1999〜2002年には、同病院でパフォーミングアーツとビジュア

ルアートを統合させ、治療上の生物学的、心理学的な成果を引き出した調査を実施した。[(45)]

　2000年のHDA報告書では、アートプログラムの参加者に直接、健康に関する情報の提供や、フォーマルな評価尺度に基づくアートプロジェクトが少なかった点から、健康の改善についての正確で詳細な情報を与えることは不可能であった。しかし、このメディカルレビューではウェルビーイングや自尊感情の増加に関するより多くの証拠 (逸話風であるが) の存在が示された。[(46)]

アートが患者にもたらす効果

　表7は前述したメディカルレビューの巻末にある文献の分類である。分類1〜6に沿って、上段はスタリコフ自身による分類名、下段には筆者が各論文のタイトルから抜粋したキーワードを記している。スタリコフはヘルスケアの現場におけるアートと人文学に関する415件 (うち、385件は1990〜2004年の著作物で医学文献) の論文レビューを行った上

表7 スタリコフによるアートが患者にもたらす効果

	スタリコフの分類とキーワード	論文件数
1	治療へのアートの効果 　音楽セラピー、不安・痛みの減少、血圧の安定、慢性がんの痛みのコントロール	70
2	病院スタッフへのアート＆ヒューマニティーズの効果 　病院環境、色彩・デザイン、待合室、仕事環境、ヒーリング環境、ストレス減少	15
3	医療従事者の教育／研修におけるアート＆ヒューマニティーズの効果 　観察技術、看護教育、美術館、ビジュアルアート・詩・文学	64
4	メンタルヘルスにおけるアートの効果 　アルツハイマー症、認知症、音楽療法、演劇療法、詩のセラピー、ビジュアルアート、ダンス、BGM	122
5	異なった形式のアートの効果 　認知症、音楽、絵画、ストレス軽減	34
6	アートの知覚に関するメカニズム 　脳、感情、音楽脳、モーツァルト効果、神経解剖学	110

で、アートがもたらすウェルビーイングとして次の6つを強調している。「生物学的、心理学的にプラスな治療効果の誘発」「薬物の減少」「病院での滞在の短期化」「(病院スタッフの) 職務の満足度の向上」「医師・患者間の信頼関係の改善」「ジェンダーや文化多様性に関する医療従事者の理解の進展」である。(47)

　これらのアートによる生物学的、心理学的効果とは、例えば、音楽が血圧、心拍数、心筋の酸素必要量などのバイタル・サイン (生命兆候) を改善させる点や、心理学的効果として不安、抑うつなどの改善につながることである。文献の件数で言えば、メンタルヘルスへの活用として認知症患者への音楽、詩、ドラマ、絵画などの応用に関する研究や、音楽を聴いた場合の脳内での神経回路の解明が多い。また、手術時の音楽の援用によるバイタル・サインの正常化、病棟内については、壁画などのビジュアルアートによる環境改善やパフォーミングアーツの実施による不安とストレスの減少である。看護教育においては患者の観察技術を向上させるためのビジュアルアートの応用に関する研究もある。

病院へのアートプログラムの導入と治療効果の改善

　前述したように、スタリコフ自身は病院へのアートプログラムの導入と、その研究成果として医学的見地から治療効果の改善を明らかにした。スタリコフはその研究論文を表7の2の分類に含めていることから、音楽やビジュアルアートによる「病院内環境のヒーリング化」による治療効果の改善などと、同様なものとして認識しているといえる。図5は図4及び表7を基にアーツ&ヘルス分野をまとめたものである。その重複領域が、実はこのアートプログラムであることを明示している。重複領域にあるアートプログラムは治療行為の援用の一環として位置づけることができるとともに、左側に示すようにコミュニティにおいても社会的孤立・排除の状態を改善することで、長期的に見た「健康」を改善できるのである。

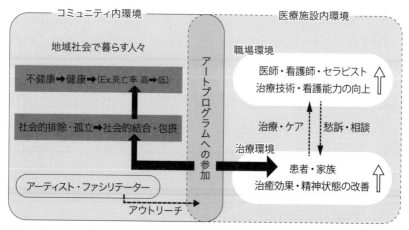

図5 コミュニティとアーツ＆ヘルス分野におけるアートプログラムの位置づけ

ランタン (ランプ) 行列プロジェクト

　その具体的なプログラムの代表例として、イギリス・ミッドランド
地方にあるウィジームーア村での、診療所のリグラー医師が立ち上げ
た「ランタン (ランプ) 行列プロジェクト」がある。このアートプログラ
ムは、10年以上も続けられ、その地域の社会的に孤立した人々同士を
つなぎ、地域のアイデンティティー (独自性) を築くことが目的になって
いる。その評価は、コミュニケーションスキルを向上させ、不健康の原
因と闘う自信を深め、診療所を訪れる不安を減らすなど、「医療モデル」
と「社会モデル」の両方の効果を併せ持っていることで著名である。[48]

　リグラー医師はDCMSとDHが連携した一連の社会包摂政策と同時
期の1999年9月に、独立系の保健問題のシンクタンクであるナフィー
ルドトラストが主催した第2回ウィンザー会議 (開催地：ウィンザー公園)
で下記のように述べている。[49]

　　かかりつけ医としての24年間が私に気づかせたことは、患者たち
　　が訴える医療的な問題の多くは、実は社会的、精神的、感情的な
　　問題の身体への表れだということです。健康な国家をつくるため

に私たちは、この社会的な排除だらけの社会に、居場所があって人間味あふれる関係性づくりを励ましていくことを、まず始めなければなりません。最大の闘うべき相手はがんや心臓病だけでなく、社会的サポートの欠如、十分な教育、停滞気味の経済状況なのです。[(50)]

　この事例は社会的孤立・排除を改善する参加型アートプログラムが医療施設内環境とコミュニティ環境の重複領域にあることを示す代表的なものである (重複領域において、より医療施設内環境に軸足をおいたものに、NHSマンチェスター病院でのピーター・コールス医師による事例がある)。[(51)]

　本書では図5の重複領域における「アートプログラム」の提案と質の向上を目的としている。そのため、次章以下の多くは、その事例と評価研究で構成されている。
　特に本書で注目したのは医療的ケアが必要な児童・生徒である。こうした子どもたちは社会的な接点を持てないまま、長期の入院を強いられることがあり、社会的孤立もしくは排除の状態になりやすいと言えるからである。図5の重複領域では、コミュニティ環境から、アーティストやボランティアの大人たちが病室・病棟にアウトリーチし、継続的なアート活動を行うことで、個人的な発達が促される。もちろん、そのアートプログラムへの参加を通じて、病棟内の子どもや大人の入院患者との接点を持つこともでき、完全な形ではないにしても社会的な包摂に近い状態を現出させることができ得る。

2-7 アーツ&ヘルス分野での概念の定着

Museum in Health とメディアの批判

　美術館・博物館におけるヘルスケア(作品鑑賞を認知症予防等に役立たせる) "Museum in Health" の効果研究の第1人者、UCLのヘレン・チャタジー教授は、キュレーターであるガイ・ノーブルとの共著 "Museums, Health and Well-being" において、アーツ&ヘルス分野が進展した社会的、政治的背景となったNHS UCL Hospital (NHS ユニバーシティ・カレッジ・ロンドン附属病院／以下、UCL病院) のパブリックアート作品購入に触れている。[52]

　2005年夏にUCL病院がロンドンのユーストン通りに開院した際、エントランス前に "Monolith and Shadow (一枚岩と影)" と題された、石彫の作品が設置された。[53] イギリスでパブリックアートの作品をたびたび委託される、コンセプチュアルな作品を得意とする北アイルランド出身の彫刻家ジョン・アイキンが制作したものである。[54] この作品はブラジルの河床で採取された御影石を美しく磨いたものであった。国立の病院が高額の美術作品を購入したことについて、タブロイド紙が「NHSがピカソに900ポンド、そして、大きな "Pebble (ペブル: 河床にある玉石の意)" に7万ポンド (当時 1,400万円相当)」と大見出しをつけた。この購入は税金によるものではなく、実際は助成財団キングスファンドのヒーリング環境プログラムの一環として資金助成されたものであった。タブロイド紙は、この出費をよい意味合いでは扱わなかったのである。[55] こうした批判的な報道がきっかけとなり、アーツ&ヘルス分野を推奨するDHとアート分野を助成するACEが、一般の人々に「アートが健康に与える

効果」について説明をすることになった。

　これを受けて、DHはアーツ＆ヘルス分野の有益性について改めて調査し、2007年に "Report of the Review of Arts and Health Working group"（アートと医療・保健分野の合同ワーキンググループによるレビューの報告）を刊行した。[56]

国民を巻き込んだアート討論

　当時、イギリスでは医療・保健分野において、各分野に渡る関係者全員の経験が研究に役立つという理念に基づき、研究者が患者及び潜在的な患者を巻き込みながら行う "Patient and Public Involvement（以下、PPI）" という研究手法が生み出されていた。[57]

　研究内容はアーツ＆ヘルス分野が、健康とウェルビーイングの改善、ヒーリング環境の創造、セラピーや医療スタッフの支援にどのような貢献ができ得るかなど、大きく３項目に設定されており、アンケート形式で実施された。NHSの上級管理職、アートコーディネーター、アーティスト、アートセラピスト、診療従事者、個々の患者、研究者、建築師、デザイナーやエンジニアなど300名以上から、詳細で肯定的な回答が得られ、同報告書において８つの勧告に結実した。[58]

　「勧告１」ではアーツ＆ヘルス分野が医療環境と統合すべきであり、DHはその効果への明白な声明文を出し、アーツ＆ヘルス分野が医療政策に含まれるように検討すべきとしている。すなわち、病院や診療所など医療現場でのアートプログラムの実践やそれらの効果研究をイギリス政府の働きかけによって医療政策に含んでいく、という意志が明確化されたのである。「勧告２」においては、DHは主要なパートナーであるACEとともに、アーツ＆ヘルス分野の "Prospectus（見通し：国民に向けて、未来像を共有するための冊子）" を発刊すべきとした。[59]

一方、ＡＣＥは同時期にＰＰＩと同様の手法により、数段階に及ぶアートに関する国民討論を行った。第１段階は2006年10月、アーツカウンシル職員との３回に及ぶ会議、第２段階はイギリス全土にまたがる20の討論グループを構成しての大規模な質的研究プログラムが開催された。軸となる５つの質問を基に2007年の２〜５月にはパブリックコメントが行われた。[60] その５つの質問とは「アートにはどんな価値があるか」「アートへの公的助成はどんな原則で指導されるべきか」「公的助成を受けたアート団体はどんな責任があるか」「アーティストはいつ公的資金を受け取るべきか」「国民はアートへの助成決定に関わるべきか」である。[61] さらにパブリックコメントと同時に、アート分野の専門家との延べ80回のインタビューと意見交換も実施された。最終段階では主要な問題を討論し、アートへの公的助成の原則や優先事項などを合意形成するために、一般国民とアート分野の専門家が集まった熟考型の討論会が実施された。

　この国民的なイベントには50名以上のアーツカウンシルの職員、社会的にも地理的に背景が異なる200名以上の一般国民、80名以上のあらゆるジャンルのアーティストとアートマネジャー、30団体ものステークホルダー（地方自治体、慈善団体、保健団体、教育団体）、1,200件以上のアンケートへの直接記入またはオンラインでの回答があった。

アートの価値：３つの領域

　この結果、多くの人々がアートの価値として認識しているものは次の３つの領域にあることがわかった。

　　①アートが創造的に自分自身を表現したり、他の方法では把握しがたい感情に形や意味を与えたり、自己アイデンティティーに関する個々人の感覚に貢献したりすることから「生きていくための力」と認識されている領域である (capacity for life)。

②アートが暮らしに彩り、美、情熱、鮮やかさをもたらし、楽しみやリラクゼーションの源泉となる「生活、人生の経験」として認識されている領域である (experience of life)。

③他の方法では言いにくい・伝えにくいことの表現手段となり、技術や自信、自尊感情を築き、生涯学習の側面も持つ。また、多くの異なった背景や異なった「人生経験」を持つ人々をつなげコミュニティの融和や地域の再生に貢献すると認識している領域である (powerful applications)。

こうしたアートへの望みが達せられるためには"artistic excellence (美的な経験) "と"public engagement (社会的な関わり合い) "という"twin (双子の原則) "が重要な手段であり、アートの機会や経験を提供する際に公正さ、包摂性、アクセスや多様性に従って公的助成がなされれば、「美的な経験」と「社会的な関わり合い」の両方が達成されるだろうとした。[62]

これら3領域はマタラッソの社会的効果とも多くが重なっており、優れた実証的なエビデンスがなくても、自分自身が得てきた知識や経験から皮膚感覚的にアートに関する「社会的」意議が認識されていたことになる。

UCL病院前の石彫への公的助成が契機となり、PPIという手法が取り入れられて、アートへの助成に関する一般国民とアート分野の専門家を巻き込んだ全国的な研究プログラムが遂行されることになった。「アートとはそもそも人々にとって何なのか、個人と社会にとって、どのような意義があるのか」について国民的コンセンサスが得られたことは、その後の政策や研究の発展につながったと考えられる。

2007年4月には、先の勧告2にしたがって、ACEから冊子"A prospectus for arts and health（アートと健康の見通し）"が発刊された。その方向性は、前述の約400件のスタリコフの文献レビューやロジャー・ウルリッヒらによる院内環境の改善による治療効果の向上に関する700件にも及ぶ文献レビューを踏まえており、「健康とウェルビーイング」の成功事例が多く列挙されている。(63)

　こうして、DHやACEはアーツ＆ヘルス分野の政策上の牽引車としての役割を自認するとともに、アーツ＆ヘルス分野への公的助成は包括的に国民に是認されたのであった。しかしながら、実はこの段階ではまだ、アーツ＆ヘルスがどのように定義されるのかについて明確なコンセンスは存在していなかった。

ドーズ (National Network for the Arts in Health) の定義

　アーツ＆ヘルスの定義について、学術界で同概念の構成内容自体に複数の意見が出された。そのうち、チャタジーは前述の"Museums, Health and Well-being"においてアーツ＆ヘルス分野全体を把握する上でドーズ (National Network for the Arts in health, UKのディレクター) がまとめた定義を有用としている。(64)ドーズはアーツ＆ヘルスの概念を表8の4つで構成するとした。(65)これらのうち、2は、図5ではコミュニティ内環境のことであり、1、3、4は同じく図5での医療施設内環境に対応している。

　表8 ドーズによるアーツ＆ヘルスの概念

1. Arts in Healthcare settings（ヘルスケアの現場での広義のアート） 2. Community Arts for Health（健康のためのコミュニティ・アート） 3. Medical training and Medical humanities（医学訓練と医療人文学） 4. Arts Therapy（アートセラピー）

社会的排除という概念から始まる社会包摂政策が媒介となって、保守党政権期から示唆されてはいたが政策的に是認されなかった健康と所得格差の問題は、労働党政権期に公式に医療政策の範疇に入った。マタラッソによる「参加型アートプロジェクトが社会にもたらす50の効果」が下敷きとなって、コミュニティ再生政策の文脈からも医療政策の対応としても参加型アートプログラムが注目を集め、どのような社会的効果があるのか調査がなされた。健康に関しては医学的エビデンスが得られなかったことに端を発し、スタリコフレビューで発掘されたアーツ&ヘルス分野の成功事例が、全国的なアートによる公的支出問題の討論プログラムにより国民一般に是認されることとなったのである。

　こうして晴れてアーツ&ヘルスは政策としても学術用語としても認められ、スタリコフレビューが示す医療モデルと、コミュニティ・アートに参加型アートプログラムが接続する形で概念化されたのであった。

アートセラピーと健康のためのコミュニティ・アートとの違い

　アートセラピーは「治療」の一環であり、アートセラピストの資格者によって実施される。一方、健康のためのコミュニティ・アートは、社会的孤立に陥りやすい状況にある人々が社会に「包摂される」ためのアートプログラムである。実施にはこのような活動に適性を持ち、地域に根づいて活躍するアーティストやファシリテーターが「アウトリーチされる」という方法がとられる。後者については第4章で詳述する。

注

(1) 福原宏幸『シリーズ　新しい社会政策の課題と挑戦　第1巻　社会的排除／包摂と社会政策』、法律文化社、2008年、p.12.

(2) 岩田正美『社会的排除―参加の欠如・不確かな帰属』、有斐閣、2010年、pp.33-34.

(3) Harvey D. "The Condition of Post Modernity: An Enquiry into the Origins of Cultural Change", Oxford: Blackwell, 1989.

(4) 松村祥子・出雲祐二・藤森宮子『社会福祉に関する日仏用語の研究 (2)』(「放送大学研究年報23」所収)、放送大学、2006年、pp.103-104.

(5) 中村健吾「EUにおける「社会的排除」への取り組み」(「海外社会保障研究 No.141」所収)、国立社会保障・人口問題研究所、2002年、pp.58-59.

(6) 山口二郎『ブレア時代のイギリス』、岩波書店、2005年、pp.129-130.

(7) 前掲 (2)、pp.36-37.

(8) "Centres for Social Change: Museums, Galleries and Archives for All", Department for Culture, Media and Sport, 2000, p.7.

(9) Percy-Smith J, "Policy Responses to Social Exclusion: towards inclusion", Open University Press, 2000, p.9.

(10) Social Exclusion Unit, "Bringing Britain together: a national strategy for neighbourhood renewal", London: 1998 Sep.

(11) Social Exclusion Unit. "National Strategy for Neighbourhood Renewal: Policy Action Team Audit", 2001 Jan, p.261.

(12) Department for Culture, Media and Sport. "Policy Action Team10: A Report to the Social Exclusion Unit", London; 1999. pp.5-29.

(13) Department for Culture, Media and Sport, "Building on PAT10: Progress Report on Social Inclusion", London; 2001. pp.13-18.

(14) 前掲 (13)、p.14.

(15) Jermyn H, "The Arts and Social Exclusion: a review prepared for the Arts Council of England", London: Arts Council of England; 2001 Sep, pp.12-13.

(16) Matarasso F,"Use or Ornament?: The Social Impact of Participation in the Arts", Comedia.1997.

(17) 前掲 (16)、XI.

(18) 調査手法については 前掲 (16) (APPENDIX II・III)

(19) 前掲 (16)、p.7.

(20) 前掲 (16)、APPENDIX

(21) 前掲 (20)

(22) Matarasso F,"Defining Values: Evaluating arts programmes", Comedia, 1996. p.26.

(23) 前掲 (16)、pp.76-77.

(24) 前掲 (11)

(25) Group for Large Local Authority Museums,"Museums and Social Inclusion: The GLLAM Report", 2000 Oct.

(26) 小林瑠音「1960年代から1980年代における英国コミュニティ・アートの変遷とアーツカウンシルの政策方針」(『文化政策研究』第9号所収)、日本文化政策学会、2015年、pp.7-23.

(27) 佐藤健正「イギリスの社会住宅の団地再生」によれば、1970年代英国経済を支えてきた製造業が急速に衰退し、ロンドンでは40万人の雇用が失われた。主要工業都市の空洞化、人口減少が加速し、中でもインナーエリアの公営住宅団地居住者が直撃を受けた。公営住宅団地での失業と貧困は、教育や医療レベルの低下、ゴミの放置や落書き、バンダリズム（暴力的な環境破壊）、アルコール中毒や薬物乱用、犯罪の多発などコミュニティの多面的な衰退を招いた。これらは冒頭で紹介した社会的孤立・排除そのものである。参照

URL　https://www.kansai-u.ac.jp/ordist/ksdp/danchi/vol_S02.pdf

(28) 前掲 (11) , p.135.

(29) 前掲 (15) , p.20.

(30) Health Development Agency, "Art for health", 2000, pp.2-10.

(31) The Stationery Office, "Independent Inquiry into Inequalities in Health Report", The Stationery Office,1998, p.9. ブラックレポートとは、保健省の主任研究員の医師ダグラス・ブラックらが社会階級と死亡率に因果関係のあることを示し、英国において広義の健康についての不平等問題を最初に提起した下記の報告書を指す。"Department of Health and Social Security". Inequalities in Health: Report of a Research Working Group. 1980.

(32) 前掲 (31) , p.10.

(33) Graham H. and Kelly P M "Health inequalities: concepts, frameworks and policy",2004, p.4.

(34) The Secretary of State for Health, "Saving Lives: Our Healthier Nation", 1999 July.

(35) Killoran A, "Health Action Zones: A new form of partnership for tackling health inequalities" A Comparative case study of four local areas in England 1999-2002 (Ph.D. Thesis, London School of Economics) , 2003, p.80.

(36) Judge K, Bauld L et al, "Health Action Zones: Learning to make a difference",University of Kent at Canterbury, 1999 June, p.35.

(37) White M, "Arts Development in Community Health: A SOCIAL TONIC", Radcliffe Publishing, 2009, pp.87-92.

(38) Judge K, Bauld L, "Learning from Policy failure? Health Action Zones in England", European Journal of Public Health Vol.16 Issue4, 2006, pp.341-343.

(39) 青木郁夫「イングランドにおける健康の不平等に関する取り組み—アチソン・レポート以降の「健康の不平等」への取り組み」(『日本医療経済学会会報』25巻2号所収)、日本医療経済学会、2006年、p.30.

(40) 前掲 (30) , pp.11-13.

(41) 前掲 (30) , p.4によれば、HEAでは1996年から1999年までの研究戦略において、社会関係資本の概念と、社会関係資本 (信頼、互酬性、関わり合い、シティズンシップなど) と健康上の成果の実証的な関係性の調査を始めていた。

(42) The Secretary of State for Health, "Saving Lives: Our Healthier Nation", 1999 July,Ⅳ.

(43) 前掲 (30) , pp.16-47.

(44) Staricoff R L (Ph.D.) , "Arts in health: a review of the medical literature", London: Arts Council England, Research report 36, 2004.

(45) Staricoff R L (Ph.D.) , et al, "A Study of the Effects of Visual and Performing Arts in Health Care", Hospital Development 32, pp.22-28.

(46) 前掲 (44) , p.12.

(47) 前掲 (44) , pp.48-84.

(48) 前掲 (37) , p.20. 2006年に国連総会で障害者権利条約が採択され、関連法の整備を行って日本政府は2014年に同条約に批准し、2016年には障害者差別解消法を施行している。同条約は社会モデルに基づいたものであり、現場においてそのモデルの普及が進んでいる。

(49) イギリス政府の動きとは別にそれまで個々の病院・診療所で行われていた、Arts and Health分野の実践例を持ち寄り、大きな潮流に導いた会議とも言われる。詳細はPhillip R (Ph. D.) , "ARTS, HEALTH & WELL-BEING FROM THE WINDSOR I CONFERENCE TO A NUFFIELD FORUM FOR THE MEDICAL HUMANITIES: A REPORT FOR THE PERIOD APRIL 1998 - JUNE 2001 INCLUDING PROCEEDINGS OF THE WINDSOR II CONFERENCE", The Nuffield Trust, 2002.

(50) 前掲 (37) , p.21.

(51) Coles P, "Manchester Hospitals' Arts project", the Calouste Gulbenkian Foundation, 1981.

(52) Chatterjee H J, Noble G, "Museums, Health and Well-being", Routledge, 2016, Chapter II pp.15-30.

(53) 前掲 (52)

(54) Arts Council of Northern Ireland, "Public Art Handbook for Northern Ireland", (2005) によれば、北アイルランド・ベルファスト市の市民病院 (《無題》1987年) やリデルホール (《無題》1992年) など、幾何学的な美学を持つ作品を制作している。

(55) 前掲 (52)

(56) Department of Health, "Report of the Review of Arts and Health Working group", 2007 April.

(57) 詳細はMarjanovic S, et al, "Involving patients and the public in research", The Healthcare Improvement Studies Institute, 2019などを参照。

(58) 前掲 (56) , pp.5-17.

(59) Marjanovic S, et al, "Involving patients and the public in research", The Healthcare Improvement Studies Institute, 2019, pp.16-17.

(60) Bunting C, "Public value and the arts in England: Discussion and conclusions of the arts debate" Arts Council England, 2007, p.4.

(61) Keaney E, Bunting C, Keaney A, et al, "The arts debate: About the consultation", Arts Council England, 2007 Nov, pp.7-12.

(62) 前掲 (60) , p.26.

(63) Arts Council England, "A prospectus for arts and health", Arts Council England, 2007.

(64) 前掲 (52) , p.16.

(65) Dose L, "National Network for the Arts in Health: lessons learned from six years of work", Journal of the Royal Society for the Promotion of Health (26) 3, pp.110-112.

第3章

日本の社会包摂と文化芸術のアウトリーチ
――医療施設を事例に

文化芸術による社会包摂

　「社会包摂」という言葉が文化庁関連の法令・方針で初出となったのは、2011年2月に閣議決定された「文化芸術の振興に関する基本的な方針（第3次）」である。[(1)] その基本的視点 (成熟社会における成長の源泉) では下記が示された。

　　文化芸術は、子供・若者や、高齢者、障害者、失業者、在留外国人等にも社会参加の機会をひらく社会的基盤となり得るものであり、昨今、そのような社会包摂の機能も注目されつつある。[(2)]

　2015年5月に閣議決定された第4次の「文化芸術の振興に関する基本的な方針」では「社会包摂の機能を有している」という文言が入った。

　　文化芸術は、子供・若者や、高齢者、障害者、在留外国人等にも社会参加の機会をひらく社会包摂の機能を有している。[(3)]

　これら第3次と第4次の間には、2012年に「劇場、音楽堂等の活性化に関する法律」が成立し、その実施のために策定された2013年の「劇場、音楽堂等の事業の活性化のための取り組みに関する指針 (以下、取り組み指針)」では、下記のようにある。

　　劇場、音楽堂等は、文化芸術を継承し、創造し、及び発信する場であり、また、人々が集い、人々に感動と希望をもたらし、人々の創造性を育み、人々が共に生きる絆を形成するための地域の文

化拠点である。また、<u>個人の年齢若しくは性別又は個人を取り巻く社会的状況等に関わりなく、全ての国民が、潤いと誇りを感じることのできる心豊かな生活を実現するための場として、また、社会参加の機会を開く社会包摂の機能を有する基盤として、常に活力ある社会を構築するための大きな役割を担っている。</u>⁽⁴⁾［下線部・筆者］

3-2 社会包摂とアウトリーチ

　文化芸術が社会参加の機会を開く「機能」を持っているとはいっても、物理的にも心理的にも文化的にもアクセスしづらい人、すなわち、社会的孤立または排除の状況下にある人（特に子ども・若者）は文化芸術に自らアクセスはしない。そうした現状において公共文化施設は何をすべきだろうか。その解決方法の1つが「アウトリーチ」である。

　社会包摂政策と活動の手法としてのアウトリーチの重要性に着目した論文に小林美津江「公立文化施設による地域活性化―アウトリーチと社会的包摂」（2011年11月）がある。小林は、「教育や福祉の現場はややもすると閉鎖的で固定化された人間関係や枠組みの中で営まれがち」として、「アーティスト等ふだん接することのない外部の人との交流により、開かれた環境や関係性が生まれ、従来とは異なるアプローチで問題を解決することが可能」としている。⁽⁵⁾

　こうして、2010年代に入って、年齢、性別、国籍に関わりなく社会参加の機会を開く「社会包摂」は政策レベルで後ろ盾を持つようになり、

実務レベルでは公共文化施設による、医療、福祉、学校などの外部に文化芸術を届けるという意味での参加型ワークショップを実態とする「アウトリーチ」事業となって、前景化するようになった。

3-3 医療・福祉施設への アウトリーチがもたらす効果

医療・福祉施設では、普通であれば文化芸術に触れる機会はほとんどない。このような施設にアーティストなどがアウトリーチし「医療・福祉分野×文化芸術分野」の連携を図ること、文化芸術推進基本計画で言う「包摂的環境」を推進することは、そこに関わる人々にどのような変化を起こすのであろうか。

文化芸術を手段として、相互理解を図りつながり合うという社会的価値を重視したワークショップを実施しても、参加者に創造性や感性につながる本質的価値をもたらすことが全くできないわけではない。反対に本質的価値を重視するワークショップを実施したとしても参加者は社会的価値が全く得られないわけではない。

アーティストが生み出す芸術、それがもたらす感動や感性の揺さぶりは、その芸術が生み出される場で集う人々の間に共感と相互理解、絆を生み出すのであり、本質的価値と社会的価値はつながっているのである。ただしワークショップの実践者の意向によって、どちらかの価値が強く現出する。

そのバランスの取り具合と社会的価値の持続性を可視化するために、以下の医療施設での2つのケースを検討することとしたい。

┤ 1 ├ 大阪市立大学医学部附属病院 (本質的価値＞社会的価値)

大規模急性期病院の共同体モデル

　大阪市立大学医学部附属病院 (当時／現・大阪公立大学医学部附属病院) に勤め、医療の質と安全管理の向上面から病院組織におけるアクションリサーチを行っている医師の山口悦子は、横浜で行われたアートミーツケア学会2007年度大会「臨床するアート」において、「病院共同体におけるCoco-A: Community–Collaborative Art in Hospital」と題した口頭発表を行っている。

　山口は38の診療科が設置され980床のこの大規模急性期病院を、多様な立場や職種の人々から成る共同体の1つのモデルとすることができるとしている。地域の共同体を日常生活 (家庭・学校)、経済活動 (商店街・会社)、インフラストラクチャー (水道・ガス・電気・行政) の3段階で成立していると見なすと、病院はそれらに対応するものとして療養生活 (入院生活・院内学級)、医療業務 (診察・手術・検査・看護・薬・給食)、管理・経営・運営業務 (庶務・医事・施設・経営企画・相談) の3段階がある。そして、より良い共同体づくりは「まちづくり」である、と指摘した。このまちづくりのためには、患者さんのためという視点だけでなく、患者さんと職員の共同体という意識が必要であり、共同体の誰でもが参加できるものが必要であるという。[6] そして、その誰もが参加できるものをアートプロジェクトと位置づけている。

アーティストと職員との協働によるアート活動支援

　大阪市大病院には患者サービスと医療の質向上を目指して活動する「良質医療委員会」が設置されており、その委員会が推進する芸術家と職員との協働によるアート活動支援事業がある。[7]

　2010年には、花村周寛 (ランドスケープアーティスト、研究者、俳優／大阪府立大学准教授 (当時)) が《霧はれて光きたる春》というインスタレーションを行った。さらに、花村は論文「非日常風景の創出によるコミュニ

ケーションデザインに関する研究」において、自身が行ったインスタレーション作品を題材に、それが誘発した院内のコミュニケーションについて下記の分析を行った。

> 病院で行われるアートは、鑑賞者の置かれた境遇からかけ離れたイメージを持つと共感が得にくく、反対に具体的で直接的すぎるメッセージを持つと未知化が起こらず馴致がすぐになされてしまう。そのため今回のように抽象性を持たせたような表現方法が人々のコミュニケーションを誘発しやすいということが出来る。(略)院内において医者は白衣を着ることで医者として振る舞い、看護士は看護士として振る舞う。それは患者も同様であり、治療や回復という目的に向かって作られた関係性の中で、患者は患者としての役割を演じることが必要になる。(略) こうした役割の仮面を取り去ったコミュニケーションを発生させるためには目の前に圧倒的なスケールを持った非日常風景を発生させることが有効ではないかと考えている。[8](原文ママ)

ケアされる人・ケアする人・ケアする人をサポートする人

医療施設で働く人々や入院治療が長期に及ぶ患者とその家族にとっては、施設内の環境を含む風景に馴染み、それが日常化される。また、ケアされる人、ケアする人、ケアする人をサポートする人の3グループに大きくわかれ、人々の関係も上下・主従に近いものになる。こうした施設内環境と人間関係の「固定化」は、一般的に不注意や形骸化をもたらす。そのような状況では、療養環境の改善と医療の良質化は進まないのである。

このような観点を課題とする場合に、アートは何ができるのか。それは圧倒的な表現で「非日常的な体験」をさせ、〈観客(患者・職員)〉の日常や常識を疑う目を開かせることによる「自己や他者の再発見、その場にある日常生活の変化」である。突然、目の前に現れるアート作品との

出合いによって、それまで身にまとっていた社会的な役割から解放され、素の自分に戻ることができるのである。この点においては、「本質的価値」に重きを置いたアートプロジェクトということができる。素の自分に戻ることは、固定化した環境認識や人との関係を一旦未知化し、感動や感想を1人の人間同士として話し合い聞き合う。それは、普段、同じ病院内にいても接することのない人との交流や、再発見や気づきを促す。そこでは〈観客〉同士の間に人間関係の水平化がもたらされる。インスタレーションの本質的価値によって、社会的価値が瞬間的にもたらされたといえよう。

　準備段階を含むアートプロジェクト全体に目を向けるならば、その実現には、アーティストと職員間だけではなく、通常は接することの少ない医療スタッフや職員同士も協力をしており、盛んな病院内の交流を生み出している。その意味では「社会的価値」が現れており、医療施設内環境におけるアート活動支援事業としての目的は達成されたといえよう。

アートプロジェクトを日常化しマネージメントする

　一方で、中川眞『アートの力』がこのプロジェクトについて指摘するように単発のイベントでは、「作品が終了すると、扉が閉じるように人々の関係性もやがて以前のものへと戻っていくこと」も事実である。[9]アーティストのアウトリーチによってアートがもたらす「社会的価値」を持続させるには、施設環境内でのアートをイベント化・単発化するのではなく、日常化させる、多くのアート活動をマネージメントするセクションが必要である。[10]

　大阪市大病院の事例から、人々はアートプロジェクトを立ち上げ、アーティストと組んで作品を創り出すことを目的にそれまでになかったコミュニケーションの回路が開くことができ、アート作品の鑑賞は、医療施設内の生活では固定化されがちな物理的・社会的な認識をリニューアルし、再発見を促す可能性があることがわかる。また、アートプロジェクトが日常化されれば、医療施設での医師、看護師、職員同士だけ

でなく、患者とその家族を含めた多様な人々のコミュニケーションのあり方にも影響を与えることが期待し得る。

┤ 2 ├ 四国こどもとおとなの医療センター(本質的価値＜社会的価値)

ホスピタルアート

　森口ゆたか (美術家・近畿大学教授) は、1998年にイギリスマンチェスターで関わった団体Arts for Healthを参照として、日本帰国後に特定非営利活動法人アーツプロジェクト(11)を立ち上げ、これまで多くの医療・福祉施設にアート環境を提供してきた。ホスピタルアートという呼び名を日本に広めた団体でもある。2023年現在、第3代理事長を引き継いでいる森合音は、独立行政法人国立病院機構四国こどもとおとなの医療センター (47診療科689床／以下、四国こどもとおとなの医療センター) で日本初のホスピタルアートディレクターとして15年もの間、活躍している。
　筆者は、2018年7月に名古屋で開催された森合音によるホスピタルアートディレクターの仕事についての講演内容(12)に基づき、翌年8月その詳細を2時間にわたる単独インタビューで聞き取った。

> 　ホスピタルアートを導入するということは、病院内に創造的な問題解決の場をつくるということ。そして、その改善へのプロセスの中で、医療者と患者、クリエーター、地域住民が歩み寄り、対話の中から新しい病院のかたち、新しい価値を創造していく取り組み。

　森は、ホスピタルアートとは「病院理念の顕在化」「業務改善」「社会包摂」の3つから成っているとしている。これらの用語は、学術的な意味でのArt & Healthや社会包摂の概念定義とすべてが重なるわけではない。イギリスなど諸外国からの影響ではなく、あくまでも日々の医療の現場から立ち上がる人々の言葉を丁寧に聞き、病院内外の人々への相

談を繰り返すなかで解決方法が磨かれ、具体化したものが「ホスピタルアート」であるとしている。ここで重要なのは、病院理念の顕在化、業務改善といった、いわば病院内への働きかけだけでなく、病院の外へのベクトルを含む「社会包摂」を三本柱の1つに位置づけていることである。

　森は美術大学出身の写真家であるが、この病院内に自分の作品を展示することはない。森の仕事の仕方は特徴的であり、「対話を軸とし、プロセスを大事に」している。

　いつでも、誰にでもオープンに接する森のところには、さまざまな困りごとや違和感などの「痛み」が寄せられる。直接に患者と向き合う看護師や案内係など、現場にいる人たちとの対話を通して「真の課題」を見つけ、その改善を見出すために病院内外を問わず、森が然るべきと思う人のところへ相談に出かける。

　病院内のさまざまな部署の人々や、近隣の養護学校の教員、美術館の学芸員、建築家、地元の食材を扱う人など、地域 (病院外) にいる人々の中に相談相手を見つける。結果的に、森を介して出会ったり、実際には出会わなかったりしながら、多くの人々が対話をしていくのである。その幾重にもなる対話を紡ぎ、多くの人々を巻き込んでゆく中で課題解決や改善に向けたアイデアが溶け合い、1つのカタチになっていく。

　このように森は、最終的には誰か特定の人ではなく、みんなで練り上げた最善の策をつくれるように、言い換えれば、集団的な創造思考でディレクションすることを徹底している。森は、この一連の業務を「まるで水を流し続けて川にするようだ」と例えた。そして、真の課題を見つける要になるのは「現場にいる人たちと役職や役割を問わず、本音で話せることと、日ごろからの会話や信頼関係である」とした。

「ニッチ」小さな棚

　もう1つ、「『ニッチ』と呼ばれる小さな棚が、この病院に入院する患者、その家族、地域の人など多くの人に社会包摂をもたらす重要な役割

図1 ニッチに入れる手作り作品と手書きのメッセージ（写真提供
森合音氏）

を果たすしかけとなっている」と、森は言う。

　2013年の開院時、内装施工にあたり、森は各階の壁の一部をへこませて、
そこに扉をつけるよう依頼をした。これがニッチである(図1)。ニッチは院内
に19ヵ所あるという。患者は自分の病気や手術によって、これまでとは違
う生き方を余儀なくされる場合もある。簡単には家族や同室の患者、自
分を担当する医師、看護師には漠然とした不安を打ち明けられない状態
になり、孤独感や悲しみを抱えることであろう。空間的には手が届くほ
どの傍に、他の患者も医師も看護師もいるけれど、心は1人といった状

態に置かれる。これも１つの「社会的孤立」といえる。病院にあっては、このような人々をエンパワーメント（力づけ）するしかけが患者サービスとして必要である。

　アートにはそうした「エンパワーメント」や「コミュニケーションの回路」を開く潜在性がある、そう考えた森はニッチを発案し、設置の依頼をした。ニッチを通して患者とその家族をエンパワーメントした事例として、森は次のようなエピソードを紹介している。

返報性の原理

　ある時、人工肛門をつける手術を行った女性がいた。その女性は手術後の身体の変化を受け入れられなくて毎日、沈んでいた。ある時、夫とともに病院内の廊下を歩いていて、何気なくニッチを開けたら、小さな折り紙のギフト（アート）が入っていて、メッセージカードが添えられていた。それを読んだ女性は涙をこぼし、そのことがきっかけとなって前向きになれたという。そして、メッセージを作成したボランティアに一言お礼を言いたいと、看護師を通じて夫からボランティア室宛に伝言があった。[13]

　ここでアートとしているものは、小さな折り紙である。動物をモチーフとした編みぐるみ（編み物で制作されたぬいぐるみ）など他のものの場合もある。いずれも手づくりの作品に手書きのメッセージがそっと添えられている。そのつくり手・送り手は、病院の周辺地域で生活をするボランティアたちである。

　彼ら／彼女たちの多くは、以前、この病院に何らかの世話になった経験を持つ。自分たちが病気で辛い時期ではあったが、その間に小さくとも幸せな思い出を持てたのである。自分ができることをしてお返ししたい。それが別の、今苦しんでいる「誰か」が一瞬でも喜んでくれることで、自分が人の役に立てることに幸せを感じ、立ち直っていく。小さな制作などの活動を積みかさね、年月をかけて少しずつ良い循環を生み、ボランティアも、患者も孤立から抜け出すのである。

こうした事例は孤立に陥った患者のアート活動による社会包摂であり、ニッチという場を通じて常置的にボランティアとアートディレクター（森）・患者のコミュニケーションがとれる回路が開いていること自体が創造的な問題解決であるといえる。

　この良質な循環は、ボランティアたちだけが、思いをアートに託して送っていれば起きるものではない。患者も、送り手の思いを受け取り、味わえる、味蕾のような感性が開いていてこそ、成立しているのである。

　筆者は、病院での自身のアートボランティア経験から、この素晴らしいニッチのアイデアを他の病院に移植しても、このような良い活用と循環が生まれるとは想像し難いと考え、「ニッチの意味するところを、病院の内外の皆さんは理解されるのですか？」と森にたずねた。「『お接待文化と一緒です』と言うと、皆がすんなり理解されます」との答えであった。

　その理由は四国こどもとおとなの医療センターの所在地が香川県善通寺市であることと、深く関係すると説明した。そこは、他の土地から入ってくるお遍路さんを受け入れるお接待文化が空海上人の教えの元で1200年間続いており、生活そのものに根づいている土地柄である。人は、恩を感じると恩返しをしたくなる「返報性の原理」を持っている。いつか自分ができるようになったら、他の人に恩返し、感謝の気持ちで「できることをしていこう」という次の行動・活動を生む。

　お接待という「点」の行動としてではなく、そのような「文化の流れ」の中に他者を自然に巻きこんで、包み込んでしまうことと、森がアートを「結節点」として、人々をつなぎ、次の行動に結びつけていることとの相似性を見出すことができる。「癒される」「癒せる」「癒したい」の生まれる病院とその場所の持つ力。ここに、日本らしい「病院とアート」の姿の1つが浮かび上がってくる。

　ニッチはこの土地に生きる人々の生活文化から発想したものであるために、地域の人々に、自然に馴染みよく理解されているのだ。森は、ホスピタルアートディレクターの仕事は、1つの解があるわけではなく、

その地域の歴史的文脈や、そこに暮らす人々の生活文化から、「らしさ」や「強み」を見つけ、それに沿ったディレクションをすることが大事だ、と強調した。

アートによる社会的価値

　次に、四国こどもとおとなの医療センターにあるアートの価値について、改めて見てみよう。先に挙げたニッチに入っているアート作品や、アーティストと医師、看護師など病院スタッフや患者さんとの協働で制作された病院内の壁画 (図2-1、2-2) などを見ると、本質的価値を求めているものではないことが伝わってくる。

　一方、病院内の医師、看護師、患者、ボランティア・職員間のコミュニケーションや地域コミュニティとのつながり・相互理解といった「社会的価値」の観点から見ると、長期間にわたり、良い循環が生まれているのがわかる。また、壁画などの制作に関わった病院スタッフたちに協働意識や達成感が生まれ、患者へのやさしさの循環など、まさにアート

図2-1

医療スタッフが壁画制作に参加している様子
（写真提供 森合音氏）

図2-2

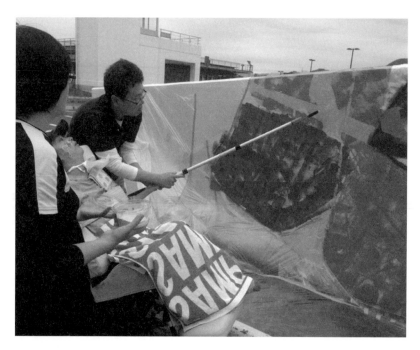

図3 地域の養護学校の生徒が壁画制作に参加している様子（写真提供 森合音氏）

による社会包摂が自然体で生まれている。

　森は「アートは理性で埋め尽くされた医療空間に、人間味を加味し風を通す」「アートは一元的ではなく、多元的な効果をもたらす」と言う。それは職員の病院への愛着、患者の落ち着き、施設の個性、職員の帰属意識促進、環境改善、病院がある地域に開かれた（図3）病院志向などである。現場実践の中にいる森の認識は病院を中心として周辺地域にまで広がるコミュニティ・ディベロップメントを含む社会的価値がホスピタルアートに確かに存在することを裏づけている。

注

(1) 中村美帆「文化政策とソーシャル・インクルージョン―社会的包摂あるいは社会包摂」（小林真理編『文化政策の現在2　拡張する文化政策』所収）、東京大学出版会、2018年、p.93.

(2) 「文化芸術の振興に関する基本的な方針（第3次）」、文化庁、2011（平成23）年2月8日閣議決定 https://www.bunka.go.jp/seisaku/bunka_gyosei/hoshin/kihon_hoshin_3ji/index.html.

(3) 「文化芸術の振興に関する基本的な方針～文化芸術資源で未来をつくる～（第4次）」、文化庁、2015（平成27）年5月22日閣議決定 https://www.bunka.go.jp/seisaku/bunka_gyosei/hoshin/kihon_hoshin_4ji/pdf/kihon_hoshin_4ji.pdf

(4) 「劇場、音楽堂等の事業の活性化のための取組に関する指針」、文部科学省、2013（平成25）年文部科学省告示第60号

(5) 小林美津江「公立文化施設による地域活性化―アウトリーチと社会的包摂」（『立法と調査』No.322所収）、参議院事務局企画調整室編集・発行、2011年11月、p.91.

(6) 山口悦子「報告1　病院共同体におけるCoco-A：Community-Collaborative Art in Hospital」（『アートミーツケア　Vol.1/2008』所収）、アートミーツケア学会、2009年、pp.15-18.

(7) 前掲(6)、p.16.

(8) 花村周寛「非日常風景の創出によるコミュニケーションデザインに関する研究―大阪市大病院アートプロジェクト2010「霧はれて光きたる春」を事例として」（『アートミーツケア Vol.4/2012』所収）、アートミーツケア学会、2012年、pp.41-42.

(9) 中川眞『アートの力』、和泉書院、2013年、p.78.

(10) 前掲(9)

(11) 特定非営利活動法人アーツプロジェクトHP https://arts-project.com/

(12) 森合音「病院アートディレクターの役割」（講演録）（第1回ヘルスケア・アートマネジメント連続講座 2018.07.04) https://healthcare-art.net/case/mori.html

(13) 森合音「病院を「ものがたり」で包む」（高田重男・横川善正監修『ホスピタリティ・アートプロジェクト―病院を安らぎの空間に』所収）、新潮社図書編集室、2017年、pp.36-37.

第4章

イギリスのアーツ・イン・ホスピタル

4-1 バーミンガム子ども病院の アートプログラム

┤1├ 病院でのアートプログラムの有効性

　治癒のプロセスとアートとの関係は古代ギリシャ時代には既に認められていた。[1]病院でアートを活用する有効性は、1970年代後半にイギリスのコミュニティアート草創期のアーティストであるピーター・シニアによって再発見され、西欧諸国を中心に広められた。1997年の新労働党によるアートを活用した社会包摂政策においては、社会的排除のメルクマールとして健康格差の問題があることから、心身の健康改善へのコミュニティアートの効果に強い関心が持たれるようになった。HDA (Health Development Agency ／イギリス健康発達局) は、2000年に国内のコミュニティアートプログラムの効果を検証したところ、個人的な幸福感の増加、自己肯定感の発展、新たな友人関係、クオリティ・オブ・ライフの改善を見出すことができた。[2]

┤2├ 思春期の患者とアートプログラム

　近年では医療が進歩し、多くの子どもの命を救えるようになったため、子どもたちの将来のために新たな対応が求められている。2006年、イギリス保健省は、かつては幼児期に亡くなっていたような先天的な心臓病を持つ患者のうち70 ～ 80％が、平均25.4歳まで生きられるようになったと報告している。[3]

　イギリス保健省の病院サービス基準書は、児童期から成人期に至るまで糖尿病や関節炎等で長期入院している患者にとって、16歳になった

途端に小児病棟から成人病棟へ移されるシステムの意味することを詳説している。小児病棟の守られた雰囲気の中で(自分が)「特別」に扱ってもらえたのが、成人病棟で多くの年長の患者と暮らす中では、病院スタッフは少ない時間でより年長の患者に注力するため、小児病棟から移動してきた患者へのサポートが少なくなるという。悪くすれば、児童期から長期入院してきた患者の成人病棟への移行は医療サポートから「ドロップアウト」するリスクがあるとし、そうしたリスクを抱える長期入院患者の社会的・心理的なニーズに病院は対応できるようになるべきとしている[4]。

　この指摘からは児童期に長期入院を経験した人々の多くが、医療の発達によって病気は克服できたとしても、成人期への移行後に社会とのつながりがうまく持てない孤立しがちな人生を送る可能性が高いことが読み取れる。

　2006年のイギリス保健省の報告書では、小児科医は患者に遅くとも15〜18歳までには、自分の病気や治療への理解、主な診療機関の医療スタッフからの支援の求め方だけでなく、地域にある若者の自立サポートをする活動団体を活用して「社会的に自立すること」についても、話しておくべきとしている[5]。

　人は好きなことや興味があることが見つかると、将来の目標を持つことができる。それは生きる希望や、勉強や技術の習得のモチベーションになる。その過程でさまざまな人々と出会い、技術や能力を活かして仕事やボランティアをするなど、地域社会と関わりを持つことができる。その機会を得る権利は病気の有無や身体能力、余命にかかわらず、全ての人にある。そして、社会包摂のためのアートプログラム (Art program for Social Inclusion ／以下APS (アップス)) に参加することは、自信と自分を大切に思う感覚が向上すると共に、自信を持って社会に積極的に関わろうとする意識を高める効果を期待できる[6]。それは、社会的に自立することを後押しすることにつながるのである。

┤3├ バーミンガム子ども病院のアートプログラム ──

　子どもの患者とその家族、医療従事者のサポートにアートを活用している バーミンガム子ども病院（以下BCH／Birmingham Children's Hospital）は、ウエストミッドランズ州・バーミンガム市の中心部にある。バーミンガム市はロンドンから北西に電車で1時間半ほどの場所に位置する人口約115万人のイギリス第2の都市である。歴史的に工業を中心に発展し、移民として入ってきたエスニックマイノリティーの比率は51.4％（2021年国勢調査）で、市民の半数が移民である。⁽⁷⁾

　1862年に創設されたBCHはイギリスの先進的な小児専門病院であり、国際的には肝臓や小腸の移植で知られ、イギリス国内やヨーロッパ全土から16歳までの子どもたちを受け入れている。⁽⁸⁾

　2006年当時常勤のホスピタル・アートマネージャーが年間を通してアートプログラムを企画しており、100人ほどの登録アーティストと数十名のアートボランティアと共に、患者とその家族のために創作活動の機会を積極的に提供している。⁽⁹⁾筆者はアートボランティアとして同病院に関わった期間中、下記の3つのアートプログラム（イベント）に参加する機会を得た。

　　①アートプログラム［Art Cart（アートカート）］：入院患者、救急患者、外来待合室にいる全ての子どもたちを対象として毎日（平日）午前・午後に数時間ずつ行われる。
　　②アートプログラム［ギャラリー37］：思春期の患者のために夏休みの2週間、開催される。
　　③イベント［ファミリーデー］：患者とその家族、地域の人々のために年2回、アーティストを招いて開催される。

　筆者は日常的に行われる①の［アートカート］において毎週木曜日の午後1時から3時まで、韓国人のアートボランティアと2人でチームを

組み、基本となる作品を提案しつつ自由に創作活動を行う、即興性の強い取り組みを1年半の間担当した。

　本章ではアーティストやホスピタル・アートマネージャーらが準備を重ねて開催した、②の［ギャラリー37］と③の［ファミリーデー］の2つを事例とする。②［ギャラリー37］ではアートプログラムに参加するスタッフ全員が担う役割と個々に求められる役割、そして思春期の患者たちがアートプログラムへの参加を通して、地域社会とのへだたりを少なくするための、言い換えれば社会的に包摂された状態をつくるためのポイントを解説する。そして③の［ファミリーデー］からは「ファシリテーター」「アーティスト」に求められる条件、技術について解説する。

4-2 思春期患者のための アートプログラム［ギャラリー37］

　"Gallery 37" はバーミンガムで毎年行われているイベントで、特別授業や委託制作、滞在制作、ワークショップを通じて若者の創造的な才能を向上させる目的のプログラムのことである。[10] BCHは "Gallery 37" と提携し地域に住む思春期の患者たちに2週間の同名のアートプログラム［ギャラリー37］を毎年提供していた (表1)。

　筆者が参加した2006年には13〜17歳の7人が参加し、「スケートボードにグラフィティ・アートを描く」というテーマに挑戦した。参加者たちは一見したところ、普通の中・高校生であったが実際には臓器移植の待機状態や20代半ばまでの余命宣告を受けるなどの健康状態にあった。彼らをホスピタル・アートマネージャー、思春期専門のプレイ

セラピスト、地域で活動しているアーティスト2人、それぞれ社会福祉と、留学生であり環境デザインのバックグラウンドを持つアートボランティア2人（後者：筆者）、別のコミュニティ・アートの組織からの研修生の合計7人のスタッフが支援した。

表1 ［ギャラリー37］のスケジュール

		午前（10am-12am）	午後（1pm-3pm）	開催場所
1週目	1日目	リーダーアーティスト展覧会鑑賞 ギャラリートーク	アートプログラムの開会 アイスブレイク（1時間） テーマ発表	MAC（ミッドランドアートセンター）
	2日目	アイスブレイク（30分） 身近なもので静物デッサン	アイスブレイク（30分） 身近なもので組みデッサン 図1	ギャラリー37借用会場
	3日目	アイスブレイク（30分） テーマの説明 参考資料紹介	アイスブレイク（15分） アイデアスケッチ 図2	
2週目	4日目	アイスブレイク（15分） 制作	制作	
	5日目	アイスブレイク（15分） 制作	制作	
	6日目	アイスブレイク（15分） 制作	制作 アートプログラムの閉会	
親睦会			病院内見学会 ［ギャラリー37］のサポーター紹介 全員でのアートワーク	BCH

図1 2日目午後 組みデッサンの様子（撮影 筆者）

図2 3日目午後 アイデアスケッチ（撮影 筆者）

4-3 アートプログラムを提供する 人々の条件と役割

　スタッフたちは全員、地域社会(バーミンガム市)との関わりを持っていることが前提とされる。参加者はリラックスしてくるとスタッフに学校や家族、馴染みのある場所や店などの話を始めることが多い。その際に同じ地域を知っている者同士だからこそわかり合える話題が、両者の間に親近感や安心感を抱かせ、参加者との活発なコミュニケーションを導くからである。それは自分も地域社会の一員であることを意識づけすることにつながる。

　さらに、参加者たちが安心してアートに取り組めるように「家族のように温かく迎え入れられる雰囲気」をスタッフが協力してつくることは不可欠である。そのためスタッフは全員で取り組む役割(①)と、それぞれの立場での役割(②〜⑤)の2つを担う。

①スタッフ全員で取り組む役割

　事前のスタッフミーティング(研修)で、スタッフ全員はホスピタル・アートマネージャーから常に参加者の様子に気を配ること、皆に平等に接すること、誠実さ(約束をしたら必ず守る。できない約束は断り、あいまいにしないなど)、そしてアート制作を楽しむことが要請された。

　毎回、建物の外まで出て参加者たちを迎え入れ、送り出し、参加者1人ひとりに声をかけることなどは、温かいコミュニケーションを促すためにスタッフ全員が担う大切な役割である。また、アートボランティアはどんな状況になっても、積極的に楽しんで参加している姿勢をみせることも要請された。

②ホスピタル・アートマネージャーの役割

　ホスピタル・アートマネージャーは、患者と地域社会とをアート活動を通してつなぐ、アートプログラムの責任者として計画・運営・実践を担う。「スケートボードにグラフィティ・アートを描く」というテーマは、ホスピタル・アートマネージャーがバーミンガム市にいる普通の思春期の若者を、生活のなかでよく観察し、彼らの間でとても流行っているスケートボードに着目したことから導き出した。

　アートプログラムの期間中、ホスピタル・アートマネージャーは参加者の安全面についての管理責任も担っていた。救急時の対応ができるよう特別な訓練を受けているドライバーが運転する、病院タクシーによる送迎の手配や、体調が急変した場合の病院側の受け入れ態勢を万全に整えて、当日を迎えている。参加者の保護者とは頻繁に連絡を取り合い、当日の体調や送迎の確認などを通して、信頼関係を築いていた。また、プログラム中は、食事・休憩・服薬の時間管理や食事制限など参加者たちの健康状態に常に気を配りながら、プログラム全体に目を配っていた。

③地域アーティストの役割

　参加者が作品をつくる過程を通して新しいことへのチャレンジ、自己選択・自己決定ができるようになり、好きなことや興味を持てることを発見し、作品完成の到達点に導くことがアーティストの役割である。参加者が手が進まなくなった時に、適切なタイミングでアーティストから必要なサポートを受けることによって、満足感や達成感の質を高めることができる。

　そのため、アーティストたちは自分自身のアート制作と、参加者たちとのコミュニケーションのバランスに気を配っていた。アーティストにはリーダーとサブリーダーの2人がいたが、協力関係であり主従関係ではなかった。このサポートは教えるのではなく、ほんの少し後押しするのである。

④プレイセラピストの役割

　プレイセラピストは、本来、病院内の医療従事者として3〜12歳までの子どもたちにプレイセラピーを行う役割を担っている。健康状態によっては、思春期になっても治療の継続が必要な子どももおり、プレイセラピストは思春期の患者にも対応できる資格を得る必要がある。

　本章で取り上げたアートプログラムでは思春期専門のプレイセラピストがスタッフとなっているが、それは本来業務であるプレイセラピーをアートプログラム内で行うためではなく、参加者たちにとって身近で信頼できる存在として、彼ら彼女らの安心感をつくり出すために参加している。

　プレイセラピストもまた、自身の作品をつくりながら、ホスピタル・アートマネージャーと協力し、食事・休憩・服薬の時間管理に気を配っていた。プレイセラピストは参加者個々人の健康状態や性格を把握しているため、必要な時にさりげなく細やかなサポートをする役割も担っていた。

⑤アートボランティアの役割

　アートボランティアは、アーティストやホスピタル・アートマネージャーからの指示がある場合にはその指示を行うことが役割になるが受け身ではなく、主従関係にあるわけでもない。アートボランティアは積極的にプログラムに参加し、楽しんで作品制作を行い、主体性を持って行動することが求められた。

心理的なへだたりをなくすための 4つのポイント

4-4

患者と健常者、医療を受ける側と提供する側、思春期世代と成人世代といった固定化された関係に存在する心理的なへだたりは、思春期患者の社会的孤立の原因となる。アートプログラムへの参加を通じてそうしたへだたりを参加者自らがなくすことができる（表2）。

ポイント①　開催場所の選定－患者と健常者のへだたりをなくす

アートプログラムの対象は患者であるが、開催場所は病院外の一般の施設である。野外・屋内劇場を備えたミッドランドアートセンターMidland Art Centre (MAC) は、3世代にわたって地域の人々から親しまれ、参加者の多くが一度は訪れたことのある公共施設である。このような開催場所の選定行為には、参加者に患者としてではなく思春期の普通の若者として、このアートプログラムへの参加ができるよう配慮がされている（表1）。

表2 アートプロラムの骨子

ポイント1　開催場所の選定－患者と健常者のへだたりをなくす
ポイント2　アートプログラムへの全員参加－医療を提供する側と受ける側、成人世代と思春期世代のへだたりをなくす
ポイント3　テーマの設定－患者と健常者のへだたりをなくす
ポイント4　アーティストの作品スタイル－参加者とアートのへだたりをなくす
ポイント5　作品の常設展示と懇親会－へだたりを自ら埋めたことを確認する

図3 参加者たちとサブリーダー（撮影 筆者）

ポイント② アートプログラムへの全員参加－医療を提供する側と受ける側、成人世代と思春期世代のへだたりをなくす

　社会的に排除がない状態とは上下や優劣の関係がなく、心理的に全員が対等な立場にあると言える。そのためスタッフ間での上下関係や、見学者などの第三者の立場をつくらないことは重要な点である。

　参加者とスタッフで「親」が次々に変わるようなゲームや連想ゲームを一緒に行うことで、全員の立場が対等となり「仲間」となるよう、毎回アイスブレイクが行われていた。また、スタッフよりも参加者の方が芸術的センスに優れ、手先が器用なこともあるため、制作中は医療を提供する側（医療関係者／成人世代）と受ける側（患者／思春期世代）という固定的な立場を流動化させる。スタッフや参加者という立場の区別なく、お互いに励まし合ったり、アイデアを話し合ったりをすることによって自然に会話が多くなり、打ち解けた雰囲気がつくり出された（図3）。

参加者たちは、時として思春期特有の排他的な行動や無気力な態度を
することがある。それは一瞬にして参加者全員に影響し消極的な雰囲気
をつくりかねない。その兆候にいち早く気づき適切な対応をするように、
スタッフ全員で常に参加者間の力関係の変化に気を配っていた。実際に
２週目に数人の参加者でグループをつくろうとする排他的な兆候が見え
た。プレイセラピストとホスピタル・アートマネージャーを中心にス
タッフ全員が協力しその場で対処した結果、回避することができた。

　また、１人の参加者が無気力な態度を見せる場面もあった。しかし、
彼女の制作したくない気持ちは尊重され、彼女は２日間ほど何もしな
かった。彼女の横には彼女が信頼しているプレイセラピストが座り、２
人で会話をしながら過ごしていた。プレイセラピストは、まるで姉のよ
うに彼女と接していたが、彼女に対応するため自分の制作をやめること
はしない。このような状況の時、他のスタッフたちは無気力な気持ちが
全員に波及しないよう、努めてアートの制作を楽しむ積極的な雰囲気を
つくり、間接的に他の参加者を励ましていた。

　このようにAPSには、仲間の分裂をもたらす排他的な態度には厳し
く対応するが、気が乗らない時には制作をしないことも選択できるとい
う寛容さがある。一方で、アートプログラムへの参加は本人の自己決定
によるため、参加者は開催場所にいなくてはならない。この厳しさと寛
容、そして自己決定はAPSが教育と区別される象徴的な要素と言える。
参加者たちは、アートプログラムの現場で起きる些細なハプニングへの
スタッフの対応を敏感に観察しており、彼らが少しずつ社会性を身につ
け、思春期 (青年期) から成人期への移行を準備する機会ともなっている。

ポイント③　テーマの設定－患者と健常者のへだたりをなくす

　スケートボードは当時のバーミンガム市の中・高生を中心に若者の間
で大流行しており、BCHの周辺でも毎日のように練習する姿が見られ
た。また、グラフィティ・アートは若者が社会に対する行き場のない感
情をぶつけ、アートとして表現する方法の１つである。

図4 参加者たちによる作品（撮影 筆者）

　参加者たちは病気のためにスケートボードに挑戦できない。そして思春期の患者たちは周囲の大人から独立したいという気持ちと、患者として周囲の大人に依存しなければならないという現実との矛盾にフラストレーションを抱えやすい。この「スケートボードにグラフィティ・アートを描く」テーマには、参加者たちがアートという自分たちに合った安全な方法でスケートボードの経験を同年代と共有すると同時に、グラフィティ・アートに触発されて心に閉じ込めているネガティブな感情を開放、昇華することが期待できる（図4）。

ポイント④　アーティストの作品スタイル―参加者とアートのへだたりをなくす

　参加者たちを今、現在の「地域社会」につなげることがアーティストに期待されていた。今回プログラムのリーダーを務めたアーティストは、

図5 リーダーアーティストの個展と参加者たち（会場 MAC、撮影 筆者）

1つのイメージから次のイメージへと噴出し続けるようなスタイルのイラストレーション作品を、本人の地元でもあるバーミンガム市内のギャラリー等で発表し高い評価を得ており、思春期の若者の間でも人気があった。

第1日目には、参加者たちがアーティストの個展を訪れその作品についてディスカッションの機会を持った。その目的は参加者たちとアーティストの距離を縮め、参加者のアートプログラムへの参加に対する不安感をなくすこと、制作意欲や参加のモチベーションを引き出すことである（図5）。

ポイント⑤　作品の常設展示と懇親会──へだたりを自ら埋めたことを確認する

［ギャラリー37］から約2ヵ月後、BCHの1階に参加者たちの作

品が常設展示され懇親会が開催された（図6、7）。参加者は家族を招き、他の参加者との再会を喜び、資金面や安全面などを裏方として支えていた人々と共に1枚の大きな紙にドローイングをして、このアートプログラムを締めくくった。

　アートプログラムや懇親会は、参加者やその保護者が悩みや苦しみを共有できる友だちを見つける機会でもある。今回の［ギャラリー37］で出会い友人になった3人の患者たちは一緒に懇親会に参加していた。そのような友人を得ることは患者とその家族を勇気づける。また、プログラム中に一時消極的になった参加者が最後に完成させた自分の作品を、嬉しそうに自信にあふれた様子で両親と祖父母、兄弟たちに見せている姿は印象的であった。

　懇親会という振り返りの機会を通し、参加者たちは自分自身や仲間との出来事を客観的に捉え、自分たちの成長を確認できたであろう。また、展示された彼らのアート作品は、他の思春期の患者たちを元気づけ、この病院に自分たちの居場所があることを示す効果があったと思われる。参加者たちは、自分たちの成し遂げたことによって、直接は会っていない同じような状況にある誰かの役に立てるのである。

4-5 思春期の患者たちの ［ファミリーデー］

地域社会に病院を公開するイベント

　［ファミリーデー］はもともと、患者と患者の家族、地域社会に病院を公開するイベントであり、その一環としてアートプログラムが用意さ

図6 展示された作品の一部
（会場 BCH）（撮影 筆者）

図7 懇親会の様子（会場
BCH）（撮影 筆者）

れている。筆者は2007年6月、思春期の患者たちを対象として企画された［ファミリーデー］のアートプログラムにアートボランティアとして参加した。同病院のプレイセラピストたちからの依頼を受け、バーミンガム市で活躍する地元のビジュアルアーティストのRが、思春期の患者向けのアートプログラムの企画、運営を行った。

　RはBCHの他にも、同市内のクイーンエリザベス病院 (Queen Elizabeth Hospital)、そしてニートの若者たちの支援団体であるフェアブリッジ (Fair Bridge) の3ヵ所で活躍していた。BCHのアートマネージャーであるジャネット・ヘザリントンは、Rを最も信頼できるアーティストの1人であるとして筆者に紹介した。

ハプニングに対処

　アートプログラムは病院内のプレイセンターの一角で行われていたのだが、筆者が参加したRを講師とするこのプログラムでは開始早々ハプニングが起きてしまった。思春期の若者たちを対象としていたにもかかわらず、対象年齢よりも低い、4歳から12歳の7人が集まったのである (図8)。

　このハプニングへの対応について、後に筆者が行ったインタビューで、Rは「ハプニングの想定はしていた。準備してきた3つのアートプログラムの難易度やファシリテーションの仕方を急遽アレンジしながら進めた」と、説明してくれた。

タイル画のパズル

　1番目のアートプログラムが終わると、低年齢の参加者たちの多くは、他の場所で開催されるピエロを見に行ってしまった。そのため、2番目のアートプログラムには、6歳、10歳、12歳の男の子の3人、Rと筆者の5人で取り組むことになった。その内容は、約5cm×5cmの24個の正方形のマス目によって分割された原画を、皆で協力して4倍ほどに拡大し、最後に着色してタイル画のようなパズルをつくることであった。

図8 アートプログラムでのハプニング

　原画はRがオリジナルのキャラクターを描き、あらかじめ準備してきたものである。それは一見すると、とても単純な内容である。しかし作業を進めるうちに、これを完成させるためにはさまざまな協力や工夫、責任感が必要になることが次第にわかってきた。

　例えば、どのマス目を担当するかを選ぶことである。1枚目は皆自分の好みのマス目を選んでいたが、2枚目からは「なるべく単純な図柄のマス目を低年齢の子どもに渡すようにしよう」という配慮を12歳の子どもが言い出した。10歳の子どももその意味を理解して自分が担当するマス目を慎重に選び出していた。

子どもたちの混乱

　2枚目を終える頃には、まだ手を付けていないマス目はどこかわかりにくくなり、子どもたちは混乱し始めていた。筆者は、3枚目を終える

までその様子を見守ってから、「どこを終えたか印を付けていったら？」と提案したが、子どもたちは実際にはどのようにしたらいいのかわからないようであった。

　Rはしばらくその様子を見ていたが、ますます子どもたちが混乱してきたので、なにも言わずに、サッと自分が描き終えたマス目に斜線を入れた。子どもたちはそれに気づくと、続いて斜線を入れていった（図9）。

　斜線を入れていくことで描いたマス目の重複は避けられることがわかり、皆が安堵の表情を浮かべた時、参加者の1人が既にできていたマス目だけをつなげてパズルをしてみようとした。しかし、マス目をまたがる線の位置や太さが全く合わない。その時初めて、ただ自分の担当するマス目を描くだけでなく、隣り合うマス目とも線をつなげなくてはならないことに気がついた。全体の絵をつなげるためには、選択したマス目と隣り合うマス目を担当する人を見つけ、マス目のどの位置に描くかを確認し合いながら決めなくてはいけない。そのために、5人が声をかけ合うことが必要であった。そして、だれもが、マス目の原画を注意深く観察し、自分の選択したマス目は責任を持って完成させようという雰囲気ができてきた。

皆の存在を改めて認識し合う

　それまで原画とマス目だけを見て、見た通りに描こうとすることに没頭していた参加者たちは、この時初めて顔をあげ、皆の存在を改めて認識しあった。そして、互いに自分の描いたマス目やこれから取り組もうとしているマス目を持ち寄り、ずれている場合には、線を太くしたり二重線にしたり、それでいてマス目の絵とも合うように、相談が始まった。「こうすればなんとかなるんじゃない？」「まあ、これでいいか！」という寛容な、それでいて楽しく、真剣な相談をしながら、なんとか全員で調整をした。自然に会話が増え、笑顔が出てきた。

　全てのマス目を描き終えたことを全員で確認できたところで、改めてパズルをしてみると、絵がつながっていた。本当のところRの原画と比

図9　描き終えたマス目に斜線を入れた様子　（撮影 筆者）

べると、なんだか少しおかしいのである。例えば、木の枝はやたらと
線がぐにゃぐにゃと曲がっていたり、虹の線の1本だけがやたらと太
かったり。しかし、全ての線はつながり、これならパズルとして遊べる。
「完成した！」そう確認できた瞬間、参加者3人、R、筆者の全員から
歓声が上がった。それを聞きつけたプレイセラピストたちや他の子ども

たちや家族が見に来た。口々に「上手にできたわね」などと温かい言葉をかけてくれた。皆でしばらく完成した作品を眺めたのだが、参加した子どもたちは笑顔で満足な様子であった。

全体像を見ることの大切さ

　このアートプログラムを振り返ると、お互いを思いやること、話し合って決めること、責任を持つこと、寛容さを持つこと、そして部分だけでなく全体像を見ることの大切さなど、さまざまな社会性を身につける要素が入るように企画されていることがわかる。そして、参加者たちはそれらの基本的な要素の体感に加えて、見本 (原画) がありながらも、このメンバーだからこそできた唯一無二の自分たちの作品をつくることができ、一期一会的な経験をしていることもわかる。

　完成した作品は開催場所のプレイセンターに寄贈されることとなった。次回の来院時には、参加した3人の子どもたちはこのパズルで遊びながらアートプログラムを通して体験したことを、ふと思い出すであろう。また、彼らの作品で遊んだ他の患者たちは、次回のアートプログラムへの参加を動機づけられたり、治療や受診を勇気づけられたりすることが期待できる。

　用意されていた3つ目のアートプログラムは行われなかった。Rによる「参加した子どもたちが満足していたこと、疲れ具合を見て、開催を見送った」との判断であった。

4-6 ファシリテーターに求められる 姿勢・条件・技術

┤1├ 基本姿勢

　一般的に参加者の多くは、アートプログラムやイベントに大勢と一緒に参加することについて、期待とためらいの両方を抱いている。不安感から解放され、主体性をもって参加できるようになるためには、スタッフ1人ひとりのファシリテーションの能力とチームワークが必要である。

　病院の場合、主催者側のスタッフは、ホスピタル・アートマネージャー、アーティスト、プレイセラピスト (ここでは参加者の健康面に配慮する役割を持つ)、研修を受けたアートボランティアで構成される。これらの人々全員によってファシリテーションは行われる。つまり、全員がファシリテーターになるのである。

　ファシリテーターが担う重要な役割は、参加者がアートプログラムを体験することによる効果を充分に享受できるよう、その「核」になることである。人は安心感や信頼感を得ている時にだけ充分に創造性を発揮でき[11]、アートプログラム体験を楽しめる。参加者が「自分の居場所がある」と思えるような「温かく歓迎する雰囲気 (warm welcome atmosphere)」「家庭的な雰囲気 (homelike atmosphere)」をつくり出す存在であることが、ファシリテーターの基本姿勢となる。

┤2├ 網の目型の関係性

　アートプログラムでのファシリテーター同士の関係性は、トップダウンで一方向の指示や監督が発生するピラミッド型ではなく、個々人の違

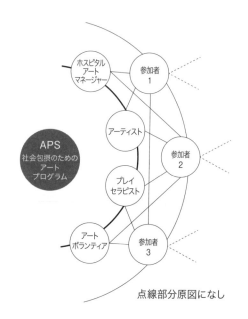

太線 ────────
アートプログラム実施前から
存在する主催者側の信頼関係

細線 ────────
アートプログラムのプロセス
を通じて形成された信頼関係

点線 ┄┄┄┄┄┄
アートプログラムを経験して
将来出会う人たちと築く信頼
関係

ホスピタル
アート
マネージャー

参加者
1

アーティスト

APS
社会包摂のための
アート
プログラム

プレイ
セラピスト

参加者
2

アート
ボランティア

参加者
3

点線部分原図になし

図10 網の目型の関係性

い（エスニシティ、年齢、職業／立場、思想／宗教、健康状態、アートへの親和性
／スキル、個々人がつくり出す作品など）を互いに認め合う平らかな、信頼関
係を発生させる網の目型である。

　参加者たちはファシリテーターたちの様子をよく観察している。ファ
シリテーターたちが笑顔で声をかけ合い、それぞれが主体性を持って行
動している姿、皆が平らかな立場で尊重され、信頼し合って行動する姿
は、ファシリテーターたちから参加者へ、さらには参加者同士へと伝播
することが期待される。アートプログラム実施後、参加者たちは他の人
たちとの信頼関係をつくることができるようになっていくであろう（図10）。

　ピラミッド型を従来の社会構図であり、教育指導のイメージとするな
らば、網の目型は人と人とのつながりが豊かな共生社会の構図であり、
社会包摂やウェルビーイングのイメージと言えるであろう。

　アートプログラムの参加者たちがさまざまな社会的な役割（職種）の
人々と出会い、共に参加する体験を通して、理想的な人間関係やハプニ

ングへの対応の仕方を目の当たりにしたり、シミュレートしたりする機会を得ることは、結果的に基本的な社会性を身に付けることになり、社会的に孤立の状態に陥りやすい児童期から大人期への「移行」の支援となる。

アートプログラムが多様なスタッフによって構成されている状況は一般社会の縮図でもあり、社会に出ていく時のシミュレーションともなり得る。多様な人々の集団だからこそ、スタッフたちは協力し合いながらファシリテーションを行い、全員が仲間になれるように参加者同士の関係に常に観察している。

その観察に基づいた臨機応変な介入（何をすればよいのか困り切った様子の場合には、隣で解決法の例をさりげなく見せる／当日集まった参加者の年齢が想定と異なる時には、プログラム内容自体を変更するなど）を行う。それらはあくまで本人の主体的な動きを引き出すものである。

ＡＰＳのファシリテーションによって引き出される「主体性」とは、多様な人々との創作のプロセスの中で、ステレオタイプの考え方が壊れるような意見や反応の提示を含む活発な言葉の交換を通じて喚起され、その中から選択したり発想したりして、自分の作品を構築していく自立性、自主性である。

┤3├ファシリテーターの条件と技術

ＡＰＳで求められるファシリテーターの条件と技術については、参与観察とホスピタル・アートマネージャーのジャネット・ヘザリントンとアーティストのＲへのインタビューを元に表３の４点が明らかになった。

アートプログラムでは、ファシリテーターたちもそれぞれが制作をするのだが、アート以外の専門を持つファシリテーターたちの中には、制作があまり得意でない人もいるかもしれない。それでも自分なりに工夫したり、悩んだりしながら創作を楽しんでいる姿や、大人が苦手なことにも挑戦する姿勢は、参加者たちへ良い刺激を与え、共感を呼ぶだろう。

表3 求められるファシリテーターの条件と技術

条件
①参加者が地域社会に対する関係性を深めるため、ファシリテーターたちはアートプログラムが開催される地域社会との関わりを持っていること（ギャラリー37の事例で言及）。
②ファシリテーターと参加者、参加者同士の信頼関係をつくるため、温かい雰囲気の中で制作やコミュニケーションを楽しみ、前向きに作品をつくり出す核となること。

技術（スキル）
①参加者の行動をよく「観察」し、基本的には自らできるようになるまで「待つ」。結果として、参加者自身が達成感を得て自主性を獲得できるようになる。
②プロセス中に起きるハプニングへの臨機応変な対応を行うこと（シンプルな解決方法が示せる場合）。

ある種のロールモデルとして、今後の人生で何か躊躇することがあった時にも、最初の一歩を踏み出す勇気を与えることが期待できる。

　参加者たちは制作中にリラックスしてくると、さまざまな話を始める。地域に密着した話題になることも多い。そのような時に、スタッフたちが輪に入り、その話題に触れることはより豊かなコミュニケーションを促し、親近感をもたらす。それは、参加者たちの意識を地域社会へとつなげる重要な要素となる。そのため、ファシリテーターたちは、活動場所の地域社会と何らかの関係のある人であることが望ましいのである。

アーティストに求められる条件・技術

┤1├ アートマネージャーとアーティスト

　アーティストとして、APSを開催するには、イギリスでは2つのことが条件となっている。芸術系の学士の資格を有すること、さらに、アート分野に関する1年以上の実務経験を有することである。例えば、Rはバーミンガムの美術大学でテキスタイルデザインを学び、その後1年ほどはグラフィックデザイナーとして働いていた経験を持つ。

　ホスピタル・アートマネージャーがアートプログラム全体の運営責任者の役割を担うのに対して、アーティストはアートプログラムの企画・準備と参加者の活発な創作活動を後押しするファシリテーターの役割を担う。その趣旨と規模によっては2、3人のアーティストが協力して進めることもある。このようなアーティストに求められる条件・技術については、ヘザリントンとRへのインタビューを元に、大きく3つに分類できる。

┤2├ 的確な企画力と準備力

　アーティストは、対象とする参加者の人数と特性、開催時間の長さと頻度、開催場所などの条件をもとに的確な内容のアートプログラムを企画し、準備することが求められる。イベントの大きさによっては、ホスピタル・アートマネージャーがプログラムの方向性を示し、アーティストを決め、詳細については両者が相談してプログラムを決定していく。

　例えば、先のオープンデーのアートプログラムは、Rは対象者が子ど

も病院の患者や、その兄弟のこともあるため、疲れやすいことや、興奮し過ぎてしまう場合があることに配慮して企画をしていた。さらに、当日会場で参加者を受け付けるため、ある程度の年齢や興味の幅に答えられるよう、1つが20分程度で終わるアートプログラムを3つ準備していた。あまり複雑な工程にせず満足感や達成感を参加者が得られるプログラムを用意する必要もある。また、参加者の特性に合わせていつでもアレンジができるように、Rは1時間半のイベントの場合、プログラムの内容は作品が1時間以内で完成できるようにしているとのことであった。

┤3├柔軟で冷静な判断力

　APSは、その時の参加者に合わせてプログラムを調整するため、不確定な要素が多くなり、結果的に予想外のことが起こる可能性が高い。アーティストはどんなハプニングに対しても、状況を把握し、瞬時に判断できるような柔軟さと、冷静さを保つことが必要だ。Rはオープンデーでのアートプログラムについて「本来は、拡大パズルの線画をつくった後、皆で話し合って着色（自分たちの創作の要素を加える）をする予定だったが、6歳の子が少し疲れたような様子を見せたので、急遽、線画の段階で終わりにした」と説明してくれた。

　準備したアートプログラムをシナリオ通りに全て遂行することや、創作性や完成度の高さにこだわり過ぎる必要はない。それよりも、参加者の体力や状況に合わせて、無理のない範囲で作品をまとめ上げ、「皆で完成した」と認識させることの方が重要である。完成したことは成功体験となり、参加者に自信をもたらすからである。

　一般的に人は、何かを成し遂げた成功体験があると、次に同じような機会があった場合には自信を持って、さらに高度なことにも挑戦できるようになる。また興味を持てば「もっと詳しく調べてみよう、学びたい、もっと巧くなりたい」という向上心にもつながっていく。アートプログ

ラムは、このような高いモチベーションを与えるきっかけを参加者に持たせることも期待している。自主的に参加した経験はその後にいきいきとした生活をもたらし、将来への社会的な自立につながるであろう。

┤ 4 ├ 観察力と適切な対応力 ─────────

サインを見逃さない

　一般的に、新しいことや以前失敗したことに挑戦する時、あるいはアイデアが出てこない時には、創作活動を躊躇しがちである。そこで参加者が躊躇したことに対して「挑戦し自分で達成することができた」という自信と満足感を得るために、アーティストはどのようなファシリテーションをすることが求められるのだろうか。

　アーティストは参加者たちと共に創作活動を楽しみながら、同時に、彼らの状態を注意深く観察し、言葉、表情、態度などを通して表されるサインを見逃さず、参加者１人ひとりの能力や状況を把握する必要がある。そして、参加者が躊躇している時には、本人が作品を完成させることを最優先する。

　例えば、絵を描くことに対して強い躊躇を示した参加者が、あらかじめ用意されたイラストやデザインのサンプルの中から絵を選択して創作活動を続けたとしても、最終的にその参加者が「自分がこの作品を完成させた」という満足感を味わえたならば、アートプログラムの目的は達成されたと言えるのである。

サポートを開始するまでの「間」

　美術教育では、例えばグラフィティ・アートを描く場合には、いくつかの特徴が作品上に盛り込まれているかどうかを重視するが、APSでは、その特徴を捉えた作品づくりがされているどうかを重視しない（美術教育上の完璧さにこだわらない）。これが、技術の基礎から応用までの理解や習得を目的とする美術教育とは大きく異なる点である。

また、きめ細かいサポートを提供するためには、さまざまな創作活動の経験を蓄積しているアーティストが必要である。効果的なサポートをするための適切なタイミングとはいつであろうか。参加者が躊躇のサインを出してからアーティストが実際にサポートを開始するまでの「間」が特に重要なポイントである。この「間」を持つことで、参加者は自分自身の能力を客観的に捉える機会を得て、「挑戦すべき明確な目標」に自ら気づくからである。

制作を継続させる

　この目標に参加者が自力で達成する方法はいくつかある。例えば、他の参加者がしていることを真似したり、参考にしたり、会話の中で出て来たアイデアを取り入れたりすることが挙げられる。アーティストが見逃さないようにすべき点は、参加者が自分では目標に達成できないと感じている時に表れるサインであり、その時こそ、アーティストが参加者に介入をする適切なタイミングである。参加者が制作上「失敗した」と認識していた場合にアーティストとしての専門性をフルに活用して、参加者がその失敗を新たな発想の種として見出し、制作が継続できるようにする。

創作意欲の変動に対応する

　その一方で参加者の創作意欲の変動に対応できる柔軟性も必要である。プロフェッショナルなアーティストでさえ、いつでもコンスタントに創作活動をすることは難しいだろう。参加者の「今日はあまり気が乗らないな、アートプログラムに参加したくないな」という気持ちは自然なことでもある。その気持ちを尊重することによって、参加者はアートプログラムに参加する／しないの二者択一を超え、その場に「居る」それだけでもいいという、第3の選択が可能になる。それが他の参加者との仲間意識をつなぎ続け、気持ちが充実してきた時には、いつでもアートプログラムへ戻ることができる。このような対応の仕方が、ファシリテー

ションと呼ばれる、自主的な行動を促す方法の具体例である。

判定をしない

　APSでは、アーティストやファシリテーターは作品を評価し優劣を
つけたり、判定をしたりしない。後日、参加者たちが改めて作品を見る
機会を設ける。この機会に、参加者たちがアートプログラムの中で挑戦
した「自分の目標」と、「それを達成することができた自分」を客体化
して認識することができるようにする。

　解説や講評など他者からの認知によって与えられた、受動的で非主体
的な満足感あるいは劣等感ではなく、自分で得た満足感はより深い自信
となり、自立していきいきと生活すること (ウェルビーイング) へのつな
がりを期待できる。

２つの条件と４つの技術

　新しいアーティスト像に求められる条件と技術を４つに整理してみる
(表4)。加えて、ファシリテーターの一員として他の職種や立場の人々
と、人として対等に向き合い、協力できるなどの適性が求められる。

表4 求められるファシリテーターの条件と技術

条件
①芸術系の学士取得
②芸術系の実務経験 (1年以上)

技術
①目的や対象者に合わせたアートプログラムの企画力・準備力
②参加者が失敗したと認識していた場合にも、その作品を活かして次に展開
する発想力
③最終的にその参加者の「自分がこの作品を完成させた」という「満足感」
をつくり出す力
④参加者1人ひとりの適切な介入のタイミングを見極める観察力

注

(1) Senior P, Croall J, "Helping to Heal: The Arts in Health Care", Calouste Gulbenkian Foundation. 1993, p.3.

(2) Health Development Agency, "Art for health", 2000, pp.11-19.

(3) Department of Health, "Transition: getting it right for young people", 2006, p.3.

(4) Getting the right start: National Service Framework for Children-Standard for Hospital Services. Department of Health,2003, pp.33-34.

(5) 前掲 (3) , pp.18-21.
日本においても2000年代以降に小児期からの慢性疾患患者が増加したことから、「移行支援」が注目されるようになった。2014年の日本小児科学会による「小児期発症慢性疾患を有する患者の成人移行支援を推進するための提言」では、20の提言のうち、「自立支援」とともに「社会参加への支援」(子どもが社会とのつながりを経験し、社会の中で自分の役割を果たしながら自分らしい生き方を実現していけるよう、可能な限り患者の意思を尊重し、その実現を支援する)を挙げている。その補足説明では「医療者は患者の社会参加を促すために、患者や家族会やボランティアといった多職種との連携を図りながら、参加の機会を保証し、可能な限り調整していくことが必要である」としている。(日本小児科学会雑誌、第127巻1号、2023年、pp.61-78.)

(6) Matarasso F, "Use or Ornament?: The Social Impact of Participation in the Arts", Comedia.1997.
イギリス教育訓練省の2005年版白書 (第9章 "Engaging All Young people") では、ウエスト・ミッドランズ州にあるコベントリー市でのベルグラード「アクティングアウト」プロジェクトを成功事例として取り上げている。コベントリー市当局と同市にあるベルグラード劇場によって共同で行われる、普通校と特別支援校の生徒たちが2週間に一度参加するドラマ、ダンス、音楽制作プログラムを通じて、自己肯定感、社会関係、他人への思いやり等に大きな変化があったとする。("14-19 Education and Skills",The Secretary of State for Education and Skills,2005年2月, p.68.)
同劇場紹介動画URL https://www.youtube.com/watch?v=EW6-K-LOAiE

(7) バーミンガム市会 https://www.birmingham.gov.uk/blog/birmingham-blog/post/1205/why-birmingham's-super-diversity-is-a-strength-and-not-a-surprise

(8) バーミンガム子ども病院 https://bwc.nhs.uk/childrens-hospital-wards

(9) 筆者はバーミンガムこども病院で2006年8月から2007年10月まで、アートボランティアとして50回ほどのアクションリサーチを行った。
同病院でのアートプロジェクトとして有名なものに、2011年に公衆衛生王立協会より表彰を受けたsinging medicine (歌うくすり) プロジェクトがある。バーミンガム大学教育・社会福祉学部のキャロライン・ブラックバーン上席研究員の研究論文によれば、バーミンガムの聖歌隊Ex Cathedra (エクスカテドラ) によって2004年11月以降、毎週金曜日に病院内で行われる同プロジェクトを通して、参加する子どもたちは知能を発達させ、家族とのいい思い出をつくり、痛みや不快感の緩和をもたらしている。
バーミンガム大学 https://www.bcu.ac.uk/research/stories/the-singing-medicine-project
エクスカテドラ https://singingmedicine.co.uk

(10) "Gallery37" における2週間の滞在制作は、音楽、写真、ダンス、映像、ディジタルアート (アニメ・グラフィックを含む)、ビジュアルアート (絵画、工芸、彫刻を含む) などの分野で、国内で知られた指導者とともに自分たちの技術を伸ばすことができる16～25歳までを対象にした無料のキャンプである。
ギャラリー37 https://www.wearepunch.co.uk/gallery37

(11) Winnicott D W, "Playing and Reality", Routledge, 2005, pp.71-75.

第5章

アートプログラムの効果
——小児病棟での試み

実践者による観察

自主性の尊重

　一般的なアートワークショップでは参加したい者が参加したい意思を持って参加することを前提とする。仮に参加者が幼児など子どもの場合、その子の意思に反して親がワークショップの会場に連れてきたとしたら、その子はもはや参加を拒否することができず、他の子どもたちと共に参加せざるを得なくなる。そのことは一般的なワークショップのファシリテーターと親にとっては暗黙の了解であり、「さあ、頑張ってみよう」と声をかけ背中を押すだけとなろう。

　一方、社会包摂のためのアートプログラム（APS）では、参加者1人ひとりの自主性を尊重される。仮に親に参加を強制されたとしても、ファシリテーターは参加せざるを得なくなる声がけや雰囲気づくりをすることはなく、参加の程度も自由となる。自主性の尊重という点で一般的なワークショップとは異なる、APSにおいて参加者たちはどのような経験・効果を得ることができるのだろうか。

Ｆ.マタラッソの指標

　本章では小児病棟（日本／6〜15歳）の入院患者を対象として、APS参加時の会話内容を参与観察により記述したものを分析材料としている。参加による効果測定のために使用したのは、先にも述べたイギリスの文化研究者Ｆ.マタラッソの指標「参加型アートプロジェクトが社会にもたらす50の効果[1]」を、日本の小児病棟での実践であることを踏まえて筆者がアレンジして作成した「効果票」である。

　この効果測定により、参加した子どもたちがアートプログラムでの経

験を通して、社会包摂とつながる意識や能力を取得し得たのかどうか、そして、取得したとすればその質がどのようなものであり、その量がどの程度であったかがわかる。

日本での先行研究

　APSは本章の小児病棟の入院患者のように社会的に疎外もしくは抑圧されがちな子どもたちを、地域社会もしくは、それよりも小さいコミュニティの中で包摂することを開催の目的としている。子どもの多くは自分の言葉で気持ちを伝えることは困難であり、また、入院中は判断能力や体力が低下状態になりがちでもあることから、アンケート調査法などによる客観的なデータの取得は難しいと言えよう。

　社会包摂を直接の目的とはしないものの、こうした計測上の困難さを伴う当事者を対象とする先行研究（日本）として2つの論文を挙げておきたい。幼児を参加者とするアウトリーチ形式での造形ワークショップを対象とした矢野らの論文「造形ワークショップを通した大学と行政、地域の連携による子育て支援」では、観察と保護者への自由記述アンケート調査（満足度調査）から、幼児への「声がけ」と制作の支援として用意したアジサイなどの「型」が幼児の制作意欲や達成感につながったかどうかを探っている。[2]

　映像記録による観察という手法を研究アプローチとしたものには、宮崎らの論文「アート作品の協働的な制作過程」がある。この論文では実践者からある幼児へ制作行動を提案し、その拒否・受け入れ行動が、そばにいる複数の子どもたちにどのように伝播してゆくのかの分析を試みている。[3]

　2つの研究事例が参考となるのは、アートプログラムの実践者による、参加者（子どもたち）を対象とする「観察」が主となっている点である。ただし、病院や福祉施設などの現場では参加者のプライバシーの問題もあり、参加者本人や保護者の意向、施設等などの方針で写真や映像の撮影・公開ができないことや、他の観察者の入室が許可されないことも多

い。こうした制約を超えるため、本章の事例ではアートプログラムの実践者自身（筆者）が「参与観察」を行い、それを元にプログラム終了後の記述によって記録と解釈を行う【ダイアリー（日誌／フィールドノーツ）】をつけるという研究アプローチを採用している。

フィールドノーツの重要性

アートプログラムの提供者により参加者の行動が客観的に観察して記録された「フィールドノーツ」が、評価過程の有効な手段の１つであることを明らかにしたものに、イギリス健康発達局の研究委託により執筆されたアンガス.J（アーティスト／ダーハム大学リサーチアソシエト）の研究論文「イギリスにおける健康のためのコミュニティー・アート活動の評価レビュー」がある。[4]この「フィールドノーツ」により、基本的に記録者の主観は客観へと移行されるとみなすことができる。その記述の原則については人類学、心理学、社会学、認知科学、看護学・経営学などの分野でも重要な研究方法とされるフィールドワークの手法[5]を参考に、①誰が言った言葉かを同定して記録すること、②相手が話した口調を写し取るように記録すること、③具体的に書くことの３点とした。[6]

本章で扱うのは（「小児がん」のような１つの病気に特化した専門病院ではなく）日本国内の平均的な急性期病院の小児病棟での事例であり、そこで測定された効果については汎用性があると考えられる。

筆者はAPS各回でファシリテーションをしながら行った参与観察から、APS終了後に［ダイアリー（日誌）］を記述した。その後、そのダイアリーを構成する各文の末尾等に、該当する効果を参加者の自発性・受動性を示す「○」「●」と共にプロットし、今度はその効果がプロットされたダイアリー全体から効果票各項目右欄への抽出を行うことで、参加者たちの経験を可視化した（図1）。

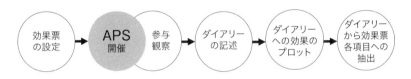

図1 効果票による分析フロー

5-2 分析フローの全体像

─┤1├─移行の準備 ──────────

　子どもは自分が病気になったことや怪我をしたこと、また、入院生活を送らなければならなくなったことを、自分が何らかの罪を犯した罰だと思いこんでしまいがちである。子どもの入院患者はその入院時に日常生活と大きく異なる環境のために心理的な混乱を受ける[7]。

　また、入院が長期化した場合には、多くの大人たちから守られていた入院生活から一般社会へ移行することに不安を感じるようになるため、移行についての十分な準備が必要になる[8]。というのも、入院中のストレスは病気の治療や回復力に影響するばかりでなく、退院後も続き、まるでトラウマのようになることがあるからである[9]。

　「健康」は、WHO（世界保健機関）において下記の通り定義づけられている。

　　健康とは、病気ではないとか、弱っていないということではなく、
　　肉体的にも、精神的にも、そして社会的にも、すべてが満たされ

た状態にあることをいいます。[10]

「健康」であるためには入院中だとしても精神的にいきいきとした生活を送り、社会とのつながりを持ち続けておくことは重要なことである。

─┤2├─保障 ─────────────────

また、子どもの権利条約にある「遊び及びレクリエーションの活動[11]」の保障についても忘れてはならない。マルコム・ヒル（グラスゴーストラスクライド大学名誉教授）らは西スコットランドとロンドン・インナーシティー内外の子どもたち（プライマリースクール1・3・5・7年次）を対象とした調査から、幼年期や青年期前の子どもたちは感情や意見を容易に言葉で伝えることが困難であるため、彼ら彼女らにとってアートプログラムへの参加は楽しさを満喫すると共に感情を自然に表現する機会になると、その有効性を述べている[12]。

子どもの視点から見た場合、家庭生活と比べて入院生活にはネガティブな2つの特徴がある。

第1に子どもの入院患者たちには選択肢がないことである。「しなければならない」「してはいけない」という強制に囲まれて過ごしている。このように拒否や選択ができない状態は、自分が常に誰かに支配され、行動力や判断力を奪われているという感覚を持たせてしまう。これは怒りや落ち込み、無気力といった心の状態を引き起こしやすい。

第2に入院生活には極端に刺激がないことである。子どもたちは家族や学校、地域の人々、友だちなど、子どもにとっての社会から切り離されている。さらに、動植物、季節、天候など自然に直接触れたり、感じたりする機会からも分離される。これらにより抵抗、絶望、孤立といった感情を抱いてしまう[13]。

それに対して、APSでは、参加者の自主性が尊重されて、そもそも参加するかしないか、参加した場合には提示された制作見本に沿った制

作をするかしないかを選択できるし、道具や素材も自由に選ぶことができる。子どもたちが自分の考えを持ち、その考えを大人たちに尊重されることは自尊心を取り戻し、さまざまなことへの積極性を高めるなどポジティブな気持ちを引き出すことにつながる。また、他の参加者と影響し合うことも、楽しさを共有して協力や感謝の気持ちをもたらし、孤独感や疎外感を軽減しやすい。

「参加すること」「つくること」によってのみ効果がもたらされるのではなく、「参加をしない」という選択ができることさえも、その意思が大人たちに尊重され、ポジティブな効果をもたらすのである。

┤3├ 参加時から将来へ

APSが参加者にもたらす効果には興味深い点がある。2001年にアーツカウンシルイングランドの研究委託を受けたヘレン・ジャーミンの論文では、アートプログラムの効果を「参加時」と「参加時から将来へ」の2つの段階に分類している。アートプログラムの参加時には参加者に対して直接的な効果が現れる。例えば、自尊心や創作技術の向上、自分の考えや情報を相手に伝えるためのコミュニケーション能力の向上、仲間意識を持ったことによる孤独感の軽減、作品を完成させた達成感などである。

また、アートプログラムは参加者の将来に向けて働きかけさえもする。例えば、アートプログラムのプロセスの中で紹介された新しい制作技術が、その参加者の興味を引きつけ、就業意欲を高めたり、職業選択の幅を広げたりする効果もみられるのである。仲間意識を持つことが、人と人とのつながりを派生させ、コミュニティのまとまりを強めるなどの効果も指摘されている。[14] つまり、アートプログラムを通して参加者が感じる「楽しみ」には、すぐに感じられる一時的、短期的な効果だけでなく、中長期的に持続する可能性を持つ効果が含まれていると言える。

このことは、APSへの参加を通して、子どもたちに、病院での入院

生活を送りながらも、現実に直面している辛い経験を乗り越え、退院後の生活や将来に向けての能力向上などを通してポジティブな気持ちを生じさせる効果が可能なことを示唆している。

APSによって
もたらされ得る効果

┤1├効果票の設定と作成

　以上の文献調査に基づいて、筆者はF.マタラッソによる論文"Use or Ornament? -The Social Impact of Participation in the Arts"における「参加型アートプロジェクトが社会にもたらす50の効果」のフレームワーク[15]から、小児病棟特有のルール（衛生上の観点から入院していない幼い兄弟には面会できないなど）を踏まえてアレンジし、急性期子ども入院患者にアートプログラム参加を通じてもたらされ得る効果を設定し「効果票」を作成した（表1）。

　この効果票は5つの大項目（カテゴリーⅠ～Ⅴ）と22の小項目（No.1-22）で構成される。

　　Ⅰ 個人の挑戦する、学ぶ意欲もしくは能力が高まる（7項目）
　　Ⅱ 社会や個人とのつながりが拡大する（4項目）
　　Ⅲ 地域社会や家族への帰属意識が強まる（2項目）
　　Ⅳ 創造的で前向きなビジョンの広がりを感じられるようになる（6項目）
　　Ⅴ 健康でいきいきとした生活を送れるようになる（3項目）

表1 社会包摂のためのアートプログラム（APS）の効果票

APSによってもたらされ得る効果項目	作品のタイプ		
	一致	発展	独自
カテゴリーⅠ 個人の挑戦する、学ぶ意欲もしくは能力が高まる			
01 参加者の自信と自己肯定感が高まる			
02 社会（家庭・学校・友人・習い事など）へ参加者の意識がつながる			
03 他の人との関わりによって自分の新たな発想や能力が見つかる			
04 アート活動への興味と自信が刺激される			
05 入院中のルール「できること」「してはいけないこと」を理解できるようになる			
06 子どもたちの教育的な発展につながる			
07 アートに挑戦してみよう、今後も続けようという気持ちになる			
カテゴリーⅡ 社会や個人とのつながりが拡大する			
08 参加者同士・同室の患者との仲間意識を育てる支援により孤独感が減少する			
09 病棟内の病室スタッフ・患者・家族との交流を活発になる			
10 寛容さ・感謝・許す気持ちが拡大し対立の解決につながる			
11 異なる生活文化（他の学校や地域・外国）との交流を意識するようになる			
カテゴリーⅢ 地域社会や家族への帰属意識が強まる			
12 地域社会や季節・自然・伝統文化とのつながりを意識するようになる			
13 参加者たちがどこかに所属している、待っている人がいるという意識を持つようになる			
カテゴリーⅣ 創造的で前向きなビジョンの広がりを感じられるようになる			
14 創造性が開花するようになる			
15 参加者全員のへだたりを徐々になくし、皆が水平な立場となる			
16 自分の価値や存在意義に気づき、夢を探求するきっかけを得る			
17 ネガティブな気持ちを前向きに受け入れるようになる			
18 自分が何を創造できるかについての期待を高める			
19 気持ちや何かに取り組む姿勢がポジティブになる			
カテゴリーⅤ 健康でいきいきとした生活を送れるようになる			
20 医療環境がリラックスした雰囲気になる			
21 参加者たちの生活の質を向上させる助けとなる			
22 ユニークで深みのある楽しさを得る			

┤2├ 作品のタイプー「一致」「発展」「独自」────

　表1右側にある作品のタイプとは、参加者が何を発想源として自身の
作品を制作したかにより、分類したものである (図2)。

> 一致タイプ：ファシリテーターが提示した制作見本に沿って参加者が制作
> した作品
> 発展タイプ：ファシリテーターが提示した制作見本をヒントに参加者が工
> 夫を加えた作品
> 独自タイプ：ファシリテーターが提示した制作見本と全く違うものを独自に
> 制作した作品

　ファシリテーションとの関連で言えば、一致タイプとは、参加者に
対して従来の美術教育に近い指導ピラミッド型でプログラムを行った
結果もたらされるものであり、発展タイプ及び独自タイプとは、APS
特有の「網の目型」でプログラムを実施 (第6章で詳述) した結果もたら
されるものと想定している。

図2 タイプ別の制作見本と参加者の作品

前記の22項目のいずれかの効果が認められる場合はダイアリーを構成する各文の句読点前に、下記の「○」「●」と効果票の「No.」に対応した番号を[　]で記したものを挿入する。

　　○：参加者 (たち) が自発的に導いた効果
　　●：ファシリテーターの参加者 (たち) への働きかけにより、参加者 (たち) に受動的に及ぼされた効果

　「○」は参与観察で確認できた参加者たちの発言・動きから読み取りやすい。一方、「●」についてはファシリテーターの参加者 (たち) への働きかけがあったとしても、参加者 (たち) 本人に何らかの効果を及ぼしたかどうかについては、参与観察によっても厳密には確認するのは難しい。

　そこで本書では先のマタラッソ論文によってイギリス国内外の参加型アートプログラムの調査結果から50項目の社会的効果が導出されたことから、その各項目に限って言えば、(個別の参加者インタビューによる実証をせずとも)アートプログラムでのファシリテーターによる働きかけがあったことを以て、参加者たちに当該効果を及ぼしていると想定している。

　一致タイプでのダイアリー (下記) を例としてみよう (後述の5-5を参照)。

①	3人に見本とは全く別のものをつくったり、違うことをする選択肢もあることを説明した [●01]。
②	その後に見本 (図3) を見せながら (3月恒例の)「おひな様」の簡単なつくり方と、左右に揺れるようにできることを説明した [●12]。
③	すると、3人とも、見本と同じものをつくることにした [○04]。

　①ではファシリテーターによる「全く別のものをつくったり、違うことをする選択肢もあること」の説明から、(前述の入院生活のネガティブな特徴である「拒否や選択ができない状態」から参加者本人を解放し) 参加者の自己肯定感を高める効果があると想定されるため「●」と効果票 (表1) の

No. 1 がプロットされる。

　②ではファシリテーターからの「簡単なつくり方と、左右に揺れるようにできること」の説明により、参加者による「季節」「伝統文化」とのつながりの意識化がもたらされたと想定されることから「●」と効果票 (表 1) の No.12 がプロットされる。

　③では参加者自らが (強制されることなしに自主的に) 自分の意思で見本と同じものをつくることを決めていることから、アート活動への興味が湧いたことがうかがわれるために「○」と効果票 (表 1) の No. 4 がプロットされる。

　表 1 で実際に各タイプのダイアリーから効果票の項目ごとに「○」「●」を抽出すると、アートプログラム全体として、ファシリテーターが参加者の主体性をどのように、どの程度引き出せたのか、ファシリテーターと参加者の関係性は水平であったのか、コミュニケーションの流れはどのようなものであったのかなどを読み取ることができる。また、ファシリテーターが気づくことのできた範囲となるが、アートプログラムが参加者にもたらした効果をグループ別にも把握することができる。

5-4 プログラムの実施と参与観察

子どもの入院をプラスの経験にする

　2008年2月から2009年7月にかけて毎週1回ずつ合計43回、首都圏A県内の大学病院小児病棟において、小学1年から中学3年までの入院患者を対象とするビジュアルアートのアートプログラムを企画・実施するとともに参与観察を行った。

　その病棟では「子どもの入院をプラスの経験にする」という理念のもと、子どもたちが安心、信頼して治療を受け、入院生活を送ることができるよう配慮がなされている。常駐の病院保育士は医師や看護師、スタッフと協力しながら、折りにふれ子どもたちに声をかけて1人ひとりに合った対応がなされている。曜日ごとに登録されたボランティアを病棟内に受け入れ、乳児の食事の世話や学童の遊びや勉強についても積極的なサポートが行われている。このような温かく家庭的な雰囲気があるということは、APSを実施するために必要な要素がすでに存在していたといえる。

道具と材料

　筆者はボランティアとして毎週木曜日午後1時から3時まで2時間を担当した。この時間は、病院保育士の昼休み休憩と重なっていることが後にわかった。

　筆者がボランティアになる際には、小児病棟の看護師長（当時）とボランティア会の会長（当時）との面談があった。筆者がAPSの趣旨とイギリスの子ども病院でのアートボランティア経験と研究内容について話すと、看護師長は興味を持ち、「ぜひ、うちでもやってください」と言い、

筆者を病室の隣にあるプレイルームにいた病院保育士 (当時) に紹介した。

　その場で、ハサミ・ノリ・ペン・粘土板・折り紙・色画用紙などの基本的な道具や材料は、プレイルームから病室に持ち出して使用してよいことが決まった。また、それ以外の材料費はボランティア会から筆者に提供された。ボランティアに参加するにはいくつかのルールがあった。

　アートプログラムに特化したルールとして、病院側から筆者に対して、安全を優先すること、水彩絵具を使わないこと、興奮させすぎないことの３つが伝えられた。

関係者をつなぐ日誌

　病棟保育士や看護師とボランティアたちをつなぐ日誌がプレイルームで管理され、ボランティアたちは活動前にその日誌を読み、病棟保育士、看護師からの子どもたちへの状況についての申し送りやコメントを確認、順守し、活動後には必ず報告を書くこととされた。日誌には、例えば、ある特定の子どもには「食べ物の話をしないでください」など、具体的な指示が記載されていた。他のボランティアが記入した報告には、入院中の子どもたちとの活動や一般的な見方での体調の様子が１人ひとりについて１行程度ずつ記入してあり、その日のAPSの参考にした。

６人ずつの２部屋

　急性期患者の入院病棟にある病室には６人ずつの２部屋 (男子・女子／６〜15歳) があった。そのため、ボランティアの活動は２人で行う。筆者がパートナーとなった女性に対して、APSの趣旨 (児童・中学生にとっては家庭は社会であり、入院生活はその「社会」から排除された状態を意味する) とアートボランティアとしての役割を説明すると、アートプログラムを一緒に実施することを快く引き受けてくれた。

　彼女はアート未経験者であり、「アートは得意でも苦手でもない」と言った。３人の息子の子育てを経験しており、子どもたちの興味を引くことや、楽しみながら学びにもつながる遊びを即興でつくることがとて

も上手く、筆者は彼女から学ぶことも多かった。

入院生活を家庭での日常生活に近づける

　当日、参加を希望した子どものベッドサイドへ行き、準備したテーマや素材（または参加者が希望したテーマや素材）に沿ってアートプログラムを行う。子どもたちは1週間から2ヵ月程度（最長でも3ヵ月）の入院期間を経て、一般的な生活へと戻っていく。入院期間が比較的短いことと、アートプログラムは週に1回程度の頻度であるため、入院生活を家庭での日常生活に近づけることをAPSの目的に定め、実施した。

ダイアリーと10のポイント

　こうした活動は筆者が前述のイギリスのNHSバーミンガム子ども病院で経験してきた、毎日院内の待合室で開催される日常的なアートプログラム［アートカート］を参考にしている（年に数回、非日常性を演出するために開催される「イベント的なアートプログラム」とは区別される）。筆者がその経験から見出した参与観察を行う際に気をつける10のポイントを表2に示す。ダイアリーはこの10のポイントを意識して記述されている。

　特に③は留意が必要である。病気や怪我を治療中の子どもと、退院前

表2 参与観察のポイント

> ① APS前の参加者の様子
> ② 学年（年齢）と性別
> ③ 入院期間の長さ（退院までの日数）
> ④ 子ども1人ひとりの行動と表情
> ⑤ 参加している人全員のやり取りと関わり合いの変化
> ⑥ 声がけや新しい素材を投入した時の参加者の反応
> ⑦ 参加している人全員でつくり上げた雰囲気
> ⑧ 入院中の動作や生活の制限
> ⑨ 治療によるAPSの中断の有無
> ⑩ APS後の参加者と病院関係者、両親などの交流の様子

日のほぼ健康な子どもとの間では体力や気力などに差がつき、本人たちが気づかないうちに主―従関係が発生する可能性がある。そのような力の差や、主―従関係を感じさせないようファシリテーションを行った。

5-5 ダイアリーの記述と効果

ダイアリーにはファシリテーター (筆者) がどのようなことをした時に、参加者はどのように反応したのか、参加者がどのような行動をとった時に他の参加者はどのような反応を示したのか、また、ファシリテーターの反応はどのようなものであったかを仔細に記録している。

表3は「一致」「発展」「独自」の各タイプを代表する事例において、見本と作品例、入院患者たちの開始時の状況説明、プログラムのタイトルとテーマ、タイムテーブル、ダイアリー (効果票の該当項目を「○」「●」とともにプロットしたもの) を示したものである。

表3 各タイプ（一致・発展・独自）の代表事例でのダイアリーに効果票該当項目をプロットしたもの

一致タイプの事例

図3「着付けおひな様」見本

図4 参加者の作品例

図5 参加者の作品例

図6 参加者の作品例

入院患者たちの開始時の状況説明

　男子部屋ではY（小学5年）とS（小学1年）がUNOをして遊んでいた。筆者がAPSに誘うとYは少し興味がありそうな様子を見せたがSは興味を示さなかった。2人は相談して、UNOなどのゲームをして過ごすことに決めた。

　女子部屋では、先週のAPSに参加したC（小学5年）と入院1週間目のA（小学1年）が、筆者が来るのを心待ちにしていた。APSをする時間帯は「寝ていたい」と病院保育士に申し出ていた入院2週間目のR（中学1年）も参加を表明し、参加者は3人となった。3人とも口数は少なく、あまり自己主張しない性格の様子。

プログラム「着付けおひな様」

　季節を感じさせること、特別な材料として、おひな様の着付

けには一般的にふさわしいと思われる千代紙だけでなく、地域の状況を目に触れさせるために、あえてカラフルな新聞の広告面も入れた。また、特別な道具として、サークルカッターを取り入れた。半円に折った台紙に、おひな様を張り付けることで、左右にゆらりゆらりと揺れる起き上がりこぼしを連想させる動きを入れた。男雛女雛が仲良く一緒に動く様子が、作者本人のこころを動かし、一緒につくった同室の人たちとの仲間意識をつくり出すことを目的として計画した。

タイムテーブル

挨拶・趣旨説明5分、台紙づくり15分 (画用紙選び・サークルカッターの説明と使用) おひな様本体づくり15分 (折り紙2枚選び・折り方に沿って皆で教え合う) おひな様着付け15分 (折り紙2枚選び・千代紙や広告2枚選び・着付け)、小物づくり15分 (金銀の折り紙から選ぶ)、台紙に貼り付け15分、お互いに鑑賞5分、片付け10分。

ダイアリー

3人に見本とは全く別のものをつくったり、違うことをする選択肢もあることを説明した [●01]。

その後に見本 (図3) を見せながら (3月恒例の)「おひな様」の簡単なつくり方と、左右に揺れるようにできることを説明した [●12]。

すると、3人とも、見本と同じものをつくることにした [○04]。筆者 (ファシリテーター) も自分の作品をつくった [●15]。

アートプログラム「着付けおひな様」は6歳から13歳までの年齢幅に対応できるように、基本は簡単な折り方でできる男雛と女雛にした [●04]。

そのため、全員がスムーズに制作できた。

着物部分になる紙は2種類用意した。伝統的な千代紙と、社会と触れさせることを目的に多色遣いの地域の店の広告である

［●12／●13］。

　しかし、3人ともが広告を使うことを暗に拒否し、千代紙の中から気に入った1枚を選んでいた［○01］。

────────────────────

　3人は着物の色と柄のコーディネートをする際、予想以上に真剣に取り組み始めた［○04］。

　そこで筆者は、3人の様子から、プログラム全体の流れはそのままにしつつ、時間配分を変更してこの作業に時間をかけることにした［●22］。

　時間が経つにつれ3人は、コーディネートを夢中で楽しんだ［○14］。

　配色に困った様子で、しばらくの間手が止まった参加者たち（2人）には、筆者がいくつかの配色バランスの例を見せ、積極的に着物のコーディネートを楽しむことができるように促した［●06］。

　さらに筆者は3人が男雛と女雛にとても丁寧に着物を着せ、小物をつけている様子［○21］に気づいた。

　特にAは見本にはなかった扇づくりにこだわり、失敗してもあきらめずに何度もつくり直していた［○14］。

　筆者は、この様子をしばらく見守った後、隣に行って筆者自身の分として扇をつくって見せた。

　Aはそれをとても興味深く観察していた［○07］。

　できあがった扇を見せるとAは感動と嬉しさの混ざったような表情をした。

　同時にAが少し疲れた素振りを見せた。そのため、筆者は自分でつくってみるように声がけはせずに、その扇をAにプレゼントした。

　「着付けおひな様」が完成した頃、病棟保育士や看護師など

が病室を訪れ、口々に参加者の作品を褒めてくれる。

丁度、面会に来たＡの母親と病棟保育士、看護師は作品を介して話が弾んでいた。

これはＡＰＳを通して目指している状況の１つである。[●09／●20]。

最後に、筆者が３人の作品（図４、５、６）を集め、全員から見える位置の机に並べて、台紙の端を少し押し、起き上がりこぼしのようにゆらゆらと揺らしてみせた。

３人は、顔を見合わせ嬉しそうな表情をして「また参加したい」と言っていた［○07／○08］。

筆者が帰宅の準備をしていると、病棟保育士が嬉しそうに「（いつもはあまり感情を表情に出さない）Ｒちゃんが笑っていた」と筆者に声をかけてくれた。

発展タイプの事例

図7「紋切り遊び」見本

図8「名前で紋切り遊び」見本

図9 参加者の作品例

入院患者たちの開始時の状況説明

　男子部屋は入院患者がおらず、女子部屋はE（小学5年）が6人部屋に1人で入院生活を送っていた。点滴をつけ車いすでの移動。入院2週間目だが、状況や入院の理由が理解できる年齢に達しているので落ち着いているように見えた。しかし、先に退院してしまった患者たちと、今までどのように楽しく過ごしていたのかを話してくれる様子から、寂しさを抱えていることがうかがえた。Eは筆者が行うAPSに参加するのは2回目。

プログラム「名前で紋切り遊び」

　江戸時代から続く、紋切り遊びを発展させた筆者オリジナルのプログラム。従来は桜や家紋を切り出すが、名前から1文字を選び切り出す。まずは自分の名前から1文字、次に、家族の名前、友人の名前……、参加者が1人ずつ選び出して文字を切り出す。最後にそれらをリボンなどでつないで壁飾りモビールのようにする。文字は誰でも書ける。また、レタリングの要素も取り入れられるため、幅広い年齢に対応できる。会いたい人、大切な人を思い出しながら、自分も大切にされていると気づくこと、自尊心を高め、家族・社会とのつながりを感じることを目的としている。

タイムテーブル

　挨拶・趣旨説明10分、折り紙選びと五つ折りの説明15分、紋切り遊び（参加者はオリジナルの研究）20分、七つ折りの説明10分、紋切り遊び（参加者はオリジナルの研究）15分、絵本台紙の提案、絵本台紙に貼りつけ10分、お互いに鑑賞5分、片付け10分。

ダイアリー

　筆者がEのベッドサイドへ行くとすぐに、「これつくったの」とフェルトでできたボール状の飾りがついた髪飾りを取り出して見せてくれた。

　先週退院したA（小学4年）と一緒に制作したそうだ。フェルトは手触りが柔らかく、色がマーブル状に混ざっているところが気に入っているようであった。

　Eが「今日は何をするの？」と聞くので、見本を見せずに、「名前で紋切り遊び」を勧めてみると［●12］、あまり乗り気ではなかった。

　幼稚園の時によく紋切りをして遊んだとのことだ。

　そこで、筆者が紋切り遊びの手法を使って制作した牛を見本（図7）として見せた［●03］。

　Eは「あー、こういう風にもできるんだ、マジすごい」と興奮し紋切り遊びをすると言いだした［○04］。

　五つ折りの方法を教えると［●04］、Eはさらに興味を持った。

　幼稚園では自由に紙を折っていたそうだ。筆者は他のものを制作しても良いと説明した上で見本（図8）を見せ、自分や家族、友達のイニシャル文字で紋切りをすることを紹介しながら［●02］、自分の制作を始めた。

　しかし、Eはそれを一度も試さなかった［○01］。

　筆者はそのことについて何も言わず、自分の作品をつくり続けた［●15］。

　Eは文字ではなく、波形の切り込みを入れてレース状にする方法を編み出していった［○14／○18］。

　筆者が持っていたさまざまな材料が入っている袋からリボンを探して付け、レースの紙ナプキンのような繊細さのある作品

（図9）をつくり上げた［○22］。

　Eが作品を完成させ、一区切りついたタイミングを見計らって、筆者はフォログラムやセロファンタイプの特別な折り紙も持って来たことを告げた［●04］。

　Eは「たのしーい」と笑顔で新しい素材を使って次々に作品をつくっていく［○17／○20／○22］。

　そのうちに、Eは紙を幾重にも折って切り出すと、同じカタチが一度にいくつもできていることに気づき、花形をたくさんつくり始めた［○14］。

　筆者には、その花形が絵本に出てくる草むらに咲いている小花のように見えたため、大胆なオレンジ色の画用紙で紙絵本をつくり、さりげなく机の上に置いた［●03／●14］。

　それを見て、Eは「お話をつくるの、大好きなの。感想文より好き」と言いながら、女の子の形を折り紙で切り出して絵本をつくり始めた［○16／○19］。

　Eがつくったお話の主人公は、田舎に住んでいる女の子なのだそうだ。病棟保育士や看護師が見に来たのでEは筆者（図8）と一緒に作品（図9）を披露した。

　2人が口々に「レースみたいね」「影がきれいね」と、感想を述べてくれる。

　Eはわくわくした様子で、「来週までに絵本をつくっておく」と言った［○17／○18／○19／○22］。

　そして、Eは筆者に「スワンとトラの紋切りをつくって来週持ってきて」と頼んだ［○15］。

　筆者は「持ってくるね」と約束して、片付けに入った。

独自タイプの事例

図10「着付けおひな様」見本

図11 参加者の作品例

図12 参加者の作品例

入院患者たちの開始時の状況説明

　最初に男子部屋を訪れた。5人とも静かにしており、手術後で辛そうな様子や、熟睡している様子であった。そのためアートプログラムに参加するのは難しいと判断し、声をかけずに退室した。女子部屋では、入院1週間目で車いすを使っているE（小学5年）と、明日の退院が決まって気分が高揚しているA（小学4年）が、ゴミ入れ用のビニール袋を膨らませてバルーン遊びをしていた。2人とも筆者とは初対面。

プログラム「着付けおひな様」（一致タイプと同じ）

タイムテーブル（一致タイプと同じ）

ダイアリー

参加者２人に名前を聞き、自己紹介をした後、「何かつくって遊ぼう」と声をかけると、２人とも「つくる、つくる」と嬉しそうに笑顔で答えた。

　Ａが興味深そうに筆者に近寄って来た。ひな祭りが近いので、(前述した)「着付けおひな様」を一緒につくろうと思っていることと [●12]、もし自分でつくりたいものがあれば、それをしてもいいことを伝えた [●01]。

　Ｅが着付けおひな様はどういうものかと聞いたので、見本(図10) を見せながら簡単に説明すると、２人とも「それをつくりたい」と決めた [○04]。

　筆者は自分の作品をつくった [●15]。

　まず、台紙になる色画用紙を準備した。８色の中からＡと筆者は薄黄色を、Ｅは桃色を選んだ。

　円を切り出すために、サークルカッターの使い方を筆者が２人に教えた [●06]。その時、切り出された円を見たＡが「あ、クレープだ」とひらめいて紙をクレープ状に丸めて見せた [○03／○21／○22]。

　Ｅも「ほんとだー、クレープになるね」といった [○03]。そこで、筆者は、『クレープづくり』に急遽プログラムの変更を提案した [●10／●15／●21／●22]。

　ＥもＡも筆者の表情を伺うように「えー、いいの？」と聞くので「もちろんいいよ。私もクレープつくりたいわ」と太鼓判を押すように笑顔で答えた [●01／●14／●16]。

　２人とも、とても嬉しそう [○01／○08／○19]。

　筆者が「どういうクレープにするの？」とたずねた [●15]。

　Ａは「今まで見たことのないようなクレープ。イクラとかね、ウニとか入れるの」と答えた [○14]。

Eが薄黄色の画用紙から新しい円を切り出すサポートを筆者はしながら「手巻き寿司みたいね、甘くないのが好きな人も食べられていいね」と応じた［○01／●19］。

　Eはサークルカッターを使うのは初めてなので、とても楽しんでいた［○19］。

　筆者が1枚切り出すごとに「はい、1枚焼き上がりましたー」と言いながら［●03／●14］2人に円を渡すと、2人ともまるで本当のクレープをつくっているような真剣な顔つきになり［○20］、クレープづくりのファンタジーの世界に入り込んだ様子であった［○22］。

　3人で、バナナとホイップクリーム、チョコソース、イチゴ、みかん、チョコアイス、イチゴアイス、などトッピングの種類とつくり方のアイデアを出し合い、どんどん工夫をしていった［○03／○08／○15］。

　Eが生クリームのために白い紙が欲しいというので、筆者が病室に備え付けのペーパータオルを裂き、やわらかく丸めてみせた［●04］。

　すると、「それいいー、もっとたくさんその紙をとってきて欲しい」と、車いすに乗っていてペーパーホルダーに手が届きにくいEが言った［○22］。

　Eに紙を渡すと、同じように丸めたものへ茶色の折り紙をかぶせるように貼り付けてチョコレートアイスクリームとし、クレープの試作品を完成させた［○14］。

　とてもおいしそうな出来映えである。

　Aが「看護師さんとか、全員につくって渡したい」と提案し、Eと2人でナースステーションへ人数を数えに行った［○09］。

　2人は30人ほどの人々にケアされていることに気づき、驚きながら帰って来た［○10／○16］。

　さらにAとEの家族分を加えて40個近いクレープをつくる

ことになった。それでも２人とも全員に渡すと宣言した［○02
／○13］。

　40個のクレープをつくるのに、彼女たちはバナナやイチゴ
を１つ１つ画用紙から切り出していた。
　そこで筆者が、一度に６枚程度切り出せる方法をさりげな
く見せると［●04］、それに気がついた２人から「それいいー」
と歓声が上がり、３人で量産を始めた［○08］。
　次第に切り落とした、まだ使えそうな紙がたまってきたのを
見て、「これでなにかもう１つ、つくれないかしら」と筆者が
たずねた［●02］。
　「あー、確かに。リサイクルは大事だよね」「学校で先生が
言っているよ。エコだよ、エコ」との返答があった［○02／○
12］。
　しかし、２人ともなかなかアイデアがでない。
　そこで筆者が「ウエハースはどうかしら」と一片の薄黄色い
画用紙でつくり、試作のクレープへ挿して見せた［●03］。
　２人とも「いいね、ウエハースもつくろう」と同意し、それ
ぞれが分担をして制作をすすめた［○08／○15］。
　Ａが「お母さんもよく残り物でもう１品、料理をつくるよ」
と話した［○02／○08／○13］。
　これ以降は、ＡもＥも、できるだけ無駄な紙を出さないよう
にトッピングを切り出す時に配慮をしていた［○06］。
　10個以上のクレープができたところで、２人ともトッピン
グの量によってグループ分けをし（図11）、どのタイプを誰に
プレゼントするかの話し合いを始めた。
　Ａが「看護師さんにはすごくお世話になっているの。いつも
遊んでくれたり、食事を運んでくれたり、面倒をたくさん見て
くれる」と言うと、Ｅは「あ、男の看護師さんはいいよ、あい

つはあげなくて」と言い出した。

「え、なんかあげようよ。じゃ、この一番ちっちゃいのでいいんじゃない」とAが答えた［○10］。

さらにAとEは顔を見合わせながら、「お医者さんはうちらが関わってるの、全員じゃないよね。ちょっと見に来るだけだし。あの先生には診てもらっているけど」と迷っている。

筆者が「ベッドをきれいに整えてくれる人やお掃除の人は？」と問いかけた［●10］。

Aは、はっとしたように「あ、そうか。いつもいつも、本当にきれいに掃除をしてくれるよ」と答えた。

Aが気に入ったクレープを見つけて「これスペシャルだ。これは絶対、家族にあげよう」と声をあげた［○02／○13］。

Eは始め「家族は後でも良いんじゃない」と言っていたが、Aが構わずに選び始めたのを見て、慌てて「私も！」と言った。

Eは点滴をつけての車いすでの慣れない移動のため、動作がAより遅くなってしまい、少しフラストレーションを感じているように見えた。

そこで、筆者はEのサポートをしやすい位置へと移動をし、その後もその位置にいた［●21］。

まだ11個しか完成していないことに気づいたEは「クレープやさんってこんなに大変なんだー」と言った［○12］。

Aが「あと、もう2人は手が欲しいよね」と、ため息混じりに応じながらも、3人とも手を休めない［○17］。

医師、看護師、病棟保育士、清掃の人が次々に「楽しそうね」と声をかけに病室へ入ってくると、AもEも「見ないで、秘密なんだから。後で見せてあげるよ」と、カーテンをサッと引いて隠していた［○09／○20／○22］。

Aが「E＆Aクレープ屋さん」という名前入りのありがとうカードを添えることを思いついたり、Eはクレープ入れをペー

パータオルで代用することを提案したり［〇14］、モールのリボンを付けて可愛くしたりと、2人は、ひとつひとつ丁寧に、工夫を凝らしてクレープを完成させていった［〇08／〇10／〇14／〇17］。

　2人の感謝の気持ちがこもった、かわいくておいしそうなクレープが20個ほどできあがった。（図12）

　筆者は既定の活動時間の都合で、完成を見届けることができなかったが、その後もずっと2人で作り続けて40個のクレープを完成し、次の日に小児病棟のスタッフ全員に配ったことを、金曜日担当のボランティアの日誌から知った。

5-6 ダイアリーから効果票への抽出

　表3から表1へ「○」と「●」を抽出する、その結果が表4である。これによりAPSがどのように有益であったことを検証することができる。全22項目のうち、「一致」「発展」「独自」のいずれかに本人の自主性を示す「○」が付いたのは20項目あった。相対的に「○」の数が多い（4個以上）と認識されるのは、カテゴリーⅠ（個人の挑戦する、学ぶ意欲もしくは能力が高まる）では01・02・04、カテゴリーⅡ（社会や個人とのつながりが拡大する）では08、カテゴリーⅣ（創造的で前向きなビジョンの広がりを感じられるようになる）では14・17・19、カテゴリーⅤ（健康でいきいきとした生活を送れるようになる）では20・22の4つのカテゴリーである。このことは前述のマタラッソが導き出した社会的効果の中でも、APSが特定の項目に強い影響を与えられることを示唆している。

　カテゴリー間の「○」の比較では、「○」が多いカテゴリーⅠに位置づけられる「01参加者の自信と自己肯定感が高まる」「02社会（家庭・学校・友人・習い事など）へ参加者の意識がつながる」「04アート活動への興味と自信が刺激される」は互いに連関性があると考えられ、アートプログラムの内容とファシリテーションによって「01」が他の2項目「02」「04」の呼び水になっている可能性が高い。

　「一致／発展／独自」の各タイプ間の「○」の比較では、「一致」「発展」タイプに比べ「独自」タイプに「○」が偏っているのは、02・03・08・10・13・14であり、制作見本から離れてオリジナルな作品づくりをみんなで協力している子どもたちは、（病院内という狭い範囲内ではあるが）社会関係を豊かにし、周囲の人を通して自分自身を相対的に見

表4 表3から「○」と「●」を抽出した効果票

APSによってもたらされ得る効果項目		作品のタイプ		
		一致	発展	独自
カテゴリーI 個人の挑戦する、学ぶ意欲もしくは能力が高まる				
01	参加者の自信と自己肯定感が高まる	●○	○	●●○○
02	社会（家庭・学校・友人・習い事など）へ参加者の意識がつながる		●	○●○○○
03	他の人との関わりによって自分の新たな発想や能力が見つかる		●●	○○●○●
04	アート活動への興味と自信が刺激される	○●○	○●●	○●●
05	入院中のルール「できること」「してはいけないこと」を理解できるようになる			
06	子どもたちの教育的な発展につながる	●		●○
07	アートに挑戦してみよう、今後も続けようという気持ちになる	○○		
カテゴリーII 社会や個人とのつながりが拡大する				
08	参加者同士・同室の患者との仲間意識を育てる支援により孤独感が減少する	○		○○○○○○
09	病棟内の病室スタッフ・患者・家族との交流を活発になる	●		○○
10	寛容さ・感謝・許す気持ちが拡大し対立の解決につながる			●○○●○
11	異なる生活文化（他の学校や地域・外国）との交流を意識するようになる			
カテゴリーIII 地域社会や家族への帰属意識が強まる				
12	地域社会や季節・自然・伝統文化とのつながりを意識するようになる	●●		●○○
13	参加者たちがどこかに所属している、待っている人がいるという意識を持つようになる	●		○○○
カテゴリーIV 創造的で前向きなビジョンの広がりを感じられるようになる				
14	創造性が開花するようになる	○○	○○●	●○●○○○
15	参加者全員のへだたりを徐々になくし、皆が水平な立場となる	●	●○	●●●○
16	自分の価値や存在意義に気づき、夢を探求するきっかけを得る		○	●○
17	ネガティブな気持ちを前向きに受け入れるようになる		○○	
18	自分が何を創造できるかについての期待を高める		○○	
19	気持ちや何かに取り組む姿勢がポジティブになる		○○	●○
カテゴリーV 健康でいきいきとした生活を送れるようになる				
20	医療環境がリラックスした雰囲気になる	●	○	○○
21	参加者たちの生活の質を向上させる助けとなる	○		○●●
22	ユニークで深みのある楽しさを得る	●	○○○	●○○○
合計		19 内訳 ●10○9	24 内訳 ●8○16	65 内訳 ●21○44

ることができるようになると見ていいだろう。

　また、「一致／発展／独自」のいずれにも「○」がついたのは01・04・14であり、APSの内容やファシリテーションが「参加者の自信と自己肯定感が高まる」「アート活動への興味と自信が刺激される」「創造性が開花するようになる」ことにつながっていると見ることができるだろう。

　しかしながら、特筆すべきは「08参加者同士・同室の患者との仲間意識を育てる支援により孤独感が減少する」「10寛容さ・感謝・許す気持ちが拡大し対立の解決につながる」「15参加者全員のへだたりを徐々になくし、皆が水平な立場となる」の３項目である。

　これら３項目に「独自」で「○」がつくことは、ファシリテーションが仲間意識を育て、寛容さを拡大し、参加者みんなを水平な立場にするという、社会包摂の状態をつくり出した可能性が高いことを示している。その前提では、上記の参加者個々人が自主性を持つことが重要になってくるのである。

参加者たちの経験の分析・考察

┤1├ どのような影響を与えたか

　本章で対象としたAPSは、１年半の間で行った合計43回のうち、実際に何らかの制作活動があった38回である。延べ100人が参加した（表5）。
　対象者が幼い子どもの場合は特に、参加の意思決定をする前の段階で

表5 APSの参加者人数と学年、男女比

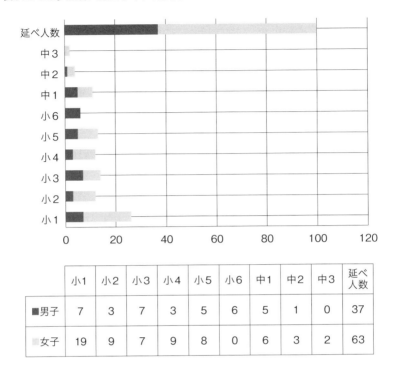

	小1	小2	小3	小4	小5	小6	中1	中2	中3	延べ人数
■男子	7	3	7	3	5	6	5	1	0	37
■女子	19	9	7	9	8	0	6	3	2	63

　ファシリテーターが制作見本を見せることは、参加者本人が「参加する」「参加しない」「他のものを制作する」といった選択を安心してできるようにするための有効な手段の1つとなる。

　38回分を分類すると、一致15回・発展19回・独自4回となり、一致タイプが4割、発展タイプが5割で、ほぼ全体を占め独自タイプはわずかに1割強であった（表6）。

表6 作品タイプ別の回数

タイプ	一致	発展	独自
回数	15	19	04

参加者がアートプログラムを通して得られる効果について、効果票に基づいてダイアリーを分析する。プロットした結果を手がかりに参加者の主体性が優先されるファシリテーションが、入院中の子どもにどのような影響を与えたのかを、38回分の分析結果から考察する。

┤2├ 参加した人々の交流の活発度

　効果票の項目にプロットされた「●」「○」の頻度は、アートプログラム中に起きた交流・関わりの活発度を反映していると仮定する。タイプ別に「●」「○」がプロットされた数の合計の平均値を出し、比較した（表7）。

　この結果から、一致タイプ（18回）＜発展タイプ（25回）＜独自タイプ（51回）の順で増加の傾向が見られ、この順で回数が多いほどアートプログラムに参加した人々全体の交流・関わりが活発にあったといえる。入院中に子どもたちが参加したAPSの経験は、一致タイプ＜発展タイプ＜独自タイプの順でより強く、社会包摂の目的を果たしていることが示唆された。

表7 作品タイプ別の回数と各回に表れた交流・関わりの平均プロット数

タイプ	一致	発展	独自
プロット数の平均	18	25	51

┤3├ アートプログラムのパターンの確認

　前述のダイアリーにある3つの事例について、表4にプロットした
データをもとに、ファシリテーターが参加者へ働きかけて導いた項目が
現れる「●」の頻度と、参加者たちが自発性が現れる「○」の頻度の割
合を検証した (表8)。

表8 作品タイプ別の交流の平均頻度とファシリテーターからと参加者から
の働きかけの割合

タイプ	一致	発展	独自
交流の平均頻度	19回	24回	65回
ファシリテーターからの働きかけの割合	53%	33%	32%
参加者からの働きかけの割合	47%	67%	68%

　このデータからはアートプログラムのパターンを客観的に把握するこ
とができる。ダイアリーの内容からも読み取ることができるように、一
致タイプでは、ファシリテーターと参加者がまるで先生と生徒のような
関係、ファシリテーターが主で参加者が従の関係に近くなっていた可能
性がうかがえる。一方、発展タイプと独自タイプについてはファシリ
テーターと参加者が水平な関係である、または参加者が主となって制作
やアイデア出しを進めている際には、ファシリテーターは参加者に主導
権を渡して従の立場を取り、必要に応じて促進する関係になっていたと
言えよう。

　APSの場合、理想的な「●」「○」の出現の流れは、導入部では
「●」が多く、中盤で「○」と「●」が入り交じりながら、終盤に向け
て「○」の数が多くなっていくというものであろう。

5-8 ファシリテーション力向上との関係

臨機応変なプログラムの変更

　参加者たちの（一般的な意味での）こころの状態や健康状態は、1人ひとり異なる。点滴を付けているかどうかなどで制限されたまま動ける範囲、親から離れる寂しさや、初めて会う人と過ごす大部屋に入ることへの不安、本人の病気の受け止め方や理解、退院までの日数などの条件で変化する。そのため、配慮が必要と思われる要件は、アートプログラムを開始する前に1人ひとりに挨拶し、参加の意思を確認しながら観察して、入院日数・可動範囲などの条件を加味しつつ決定し、アートプログラムのプロセスやファシリテーションに留意した。

　参加者の状況によっては、予定していたプログラムをその場で臨機応変に変更することさえある。例えば、発展タイプとして取り上げた事例では、当日のポイントを「孤独感の軽減」「ネガティブになりがちな現状を抜け出して将来へつながる楽しさを感じるような支援」と設定した。その支援がアートプログラムを通して確実にでき、参加者がそれらの効果を得たかどうかは、ダイアリーに記した内容と効果票の関連する項目（このケースでは01・02・15、さらに5つのカテゴリーのうち、創造的で前向きなビジョンの広がりを感じさせる）にプロットされた頻度を確認することによって、推察することができる。このように、効果票は、参加者が示す思いやファシリテーションの重要度を知る手掛かりにとして活用することもできる。

中長期的なビジョン

　この効果票の活用のためにダイアリーを書くことで、ファシリテー

ターの集中力・観察力・対応力が強化されることが、筆者は体感的に理解できた。あらかじめ効果票の項目を設定することは、参加者たちの行動の意味を客観的な理解につながり、次回以降のアートプログラム中に、不意に起こるハプニングに対して適切な対応ができるようにもなるであろう。どんなに優れたプログラムやファシリテーションだとしても、1度にすべての項目を達成することは難しい。

　毎週、毎月など一定の間隔で行うことを前提とする日常的なアートプログラムでは、前回達成できなかった項目を次回に入れていくなど、企画、開発する際に、中長期的なビジョンを持つことにつながる。さらに、ファシリテーターが複数いる場合には、ファシリテーター同士で項目を設定しておけば、声がけやふるまいの方向性が揃い協力し合える信頼関係のある温かい雰囲気が生まれやすく、参加者に対して対応の違いによる混乱を招くことが避けられる。さらに「振り返り」の共通の指針としても活用できる。

注

(1) Matarasso F, "Use or Ornament?: The Social Impact of Participation in the Arts", Comedia.1997, Summary.
(2) 矢野真、高垣マユミ、田爪宏二「造形ワークショップを通した大学と行政、地域の連携による子育て支援—横浜市栄区・鎌倉女子大学連携事業「アート・キャラバン」の実践を通して—」(『鎌倉女子大学紀要』第14号所収)、2007年、pp.51-62.
(3) 宮崎清孝、小野寺涼子、田中康生、福田稔「アート作品の協働的な制作過程—プロのアーティストによる幼稚園でのワークショップの場合」(『人間科学研究』第18巻第1号所収)、2005年、pp.51-65.
(4) Angus J, "A review of evaluation in community-based art for health activity in the UK", London; University of Durham, NHS and Health Development Agency, 2002, pp.09-10.
なお、参与観察、フィールドノーツ等質的研究の代表的な邦訳入門書には『質的研究入門—〈人間の科学〉のための方法論』(ウヴェ・フリック著・小田博志監訳、春秋社、2015年) がある。
(5) 箕浦康子 (編・著)『フィールドワークの技法と実際—マイクロ・エスノグラフィー入門』、ミネルヴァ書房、2003年、p.2.
(6) 前掲 (5)、p.54.
(7) リチャード・H・トムソン、ジーン・スタンフォード『病院におけるチャイルドライフ—子どもの心を支える"遊び"プログラム』(第2章)、中央法規出版、2000年
(8) Department of Health, "Transition: getting it right for young people", 2006, pp.14-24.
(9) 前掲 (7)、pp.24-26.
(10) 公益社団法人 日本WHO協会「世界保健機構 (WHO) 憲章とは」https://www.japan-who.or.jp/about/who-what/charter/
(11) 公益財団法人 日本ユニセフ協会 「子どもの権利条約」(第31条) https://www.unicef.or.jp/about_unicef/about_rig_all.html
(12) Hill M, Laybourn A, Borland M, "Engaging with primary-aged children about their emotions and well-being: methodological considerations", Children and Society 10 (2), pp.129-144.,1996 .
(13) 前掲 (7)、pp.31-33.
(14) Jermyn H, "The Arts and Social Exclusion: a review prepared for the Arts Council of England", London; Arts Council of England, 2001
(15) 前掲 (1)
「貧困」が生活に必要なモノやサービスなどの資源の不足をその概念のコアとして把握するのに対して、社会的排除は「関係」の不足に着目して把握されたものであり (岩田正美『社会的排除—参加の欠如・不確かな帰属』、有斐閣、2010年、p.23.)、50項目を抽象化して設定された6つのフレームワークは、参加型アートプログラムが社会における「関係」のつなぎ直し (社会包摂) に直接・間接に有益であることを示している。このため、本書では社会的に排除された小児病棟の子ども患者を対象に、地域社会へのつなぎ直しを目的としたアートプログラムで予想される効果を、同論文の50項目から導出している。

第6章

アートプログラムと評価方法
——壁面アートプロジェクト

本章では、社会包摂のためのアートプログラム（APS）の企画提案段階での合意形成や実施後の評価を、芸術文化・医療福祉・出資財団といった複数領域の専門家や実務家で構成されるチームで進めやすくする指標を提案する。その指標は、WHO憲章の健康の定義から「社会的に充実している状態」に着目し"Five ways to Well-being（ウェルビーイングへの5つの方法、後述）"とAPSを通してつくり出そうとする人々の関わりの変化を組み合わせている。指標の説明、使い方と結果の紹介は、筆者が学生たちと共に2014年から2015年にかけて取り組んだ、「認定特定非営利活動法人ファミリーハウス『うさぎさんのおうち』壁面アートプロジェクト」を事例に行う。

ウェルビーイングへの5つの方法

┤1├ 媒介としての文化芸術

　2015年3月、東京都は2015年からの10年間を対象とする「東京文化ビジョン」を発表した。2020年に開催された東京オリンピック・パラリンピック競技大会を5年後に控え、長期に渡る積極的な影響を社会全体へ波及することを目的として、大幅に文化政策や文化事業を強化してゆくことが唱われている。舛添要一知事（当時）はその冒頭あいさつで、「芸術文化は都市の発展になくてはならないものです。最近は、その社会的なインパクトの大きさや裾野の広さに注目が集まっています。……」と明確に語っている。そこでは文化芸術について教育・福祉・地

域活性化などの分野において既に大きな成果を上げているとし、障害者の芸術表現や創造産業に果たす役割を認め、都市に新たな活力を与える存在として位置づけている[1]。

　このように人々の社会生活の充実や経済の活性化を導く「媒介として」の文化芸術に重きを置くことと、新規の助成金や基金が相次いで立ち上げられていることは連動している。多くの助成金や基金は未来の社会のあり方を見据え、変革、牽引、促進する役割を担っているからである[2]。例えば、2015年度から開始されたアーツカウンシル東京の「芸術文化による社会支援助成」は、障害者をはじめ、高齢者や子ども、外国人といった、さまざまな人々と芸術文化をつなぐ活動や文化芸術を通じて社会課題に向き合う活動を支援することを目的としている[3]。これは「東京文化ビジョン」の文化政策3「あらゆる人が芸術文化を享受できる社会基盤を構築」と文化政策6「教育、福祉、地域振興等、都市の課題に芸術文化活用を具現化」することとの関連が深い[4]。

　もう1つの例は、その1年前、2014年度に公益財団法人パブリックリソース財団 (以下、PR財団) が新規に立ち上げた「アート&ヘルス基金」である[5]。PR財団は、アートを福祉・医療などケアの現場に届け「生きることを支えるアート」の価値 (表1) を打ち上げた。このように、現在の日本社会では、社会から疎外されがちな高齢者や障害者などに焦点を当てて、緩やかに社会に繋ぎ直すことで、誰もが生き生きと参加することができる社会を目指す潮流が生まれている。

┤2├WHOによる健康の定義

　2000年にはWHOから寿命とは別に、健康である期間を示す「健康年齢」という言葉が発表された。安倍政権 (当時) が2015年10月に発表した政策構想「一億総活躍社会」[6]へとつながっている。これは、日本政府が文化プログラムの模範とした2012年開催のロンドンオリンピック・パラリンピック競技大会で取り組まれていた構想と同様のものであ

表1 公益財団法人パブリックリソース財団 アート&ヘルス基金（Webサイトより抜粋）

> アート&ヘルス基金が大切にする価値
> ・芸術・文化の力で、病院や福祉施設、学校、コミュニティケアの場を、豊かな空間にします。
> 患者や高齢者、障がい者、子どもだけではなく、医療従事者や介護職、教育者、施設を訪れる人や周辺コミュニティの心をサポートし、QOL（Quality of Life/生活の質）を高めます。
> ・アーティストと社会を結び、「アート&ケアをプロデュースする」という領域を確立します。
> アーティストが社会的な課題に目をむけ、アートによって社会に貢献することを支援。これにより、ケアの現場に足りないものを、アートを通してデザイン（＝解決）していくスペシャリストの人材育成の視点を持ちます。
> ・市民自らが市民の豊かな生を支える仕組みを提供します。
> 資金に寄せられたご寄付を志ある実践者へつなげ、「病院のアート化」「福祉施設のアート化」「学校のアート化」「コミュニティの場のアート化」など、目に見える形にしていきます。

る。そして、イギリス政府は、人々の心身ともに社会的に充実した生活を促進するため、人々の関係をつなげ、地域社会への参加を実現させる手段の1つとして芸術文化活動を位置づけてきた。それが、1990年代後半から始まった社会包摂を目的とするアートプログラムと、そこから発展した、Arts and Health分野[7]などの取り組みである。このような動きはオセアニアや欧米、東南アジアに広がっている[8]。ここで言う「健康」についてWHOが下記のように定義しており、厚生労働省によると日本における健康増進の考え方も、同定義から出発している[9]。

　　健康とは、病気でないとか、弱っていないということではなく、肉体的にも、精神的にも、そして社会的にも、すべてが満たされた状態にあることをいいます。（日本WHO協会訳）[10]

　一方、日本では精神的な充実を促進するために、文化芸術をこれまで

接する機会が少なかった人々へ届けることを目的とするアウトリーチの取り組みが盛んである。しかし、文化芸術活動を使って、健康やその結果の社会包摂など、社会的な充実を目指す取り組みは始動したばかりであり、一般にはまだ医療や福祉、職業訓練にまで広く及ぶ文化芸術の概念や、その方法が理解され、普及されているとは言いがたい状態である。[(11)]

┤3├ 確認するための指標

　実施に関わる人全ての主体性のある活動と他者との関係性を育み、社会経済の活性化のきっかけをつくり出すことを目標とする、自主性を重んじる能動型のアート活動であるAPSと、医療・福祉施設や複合商業施設などで頻繁に行われている一過性のイベントとしての、芸術鑑賞会や、例えば、病院での演奏会や工作教室などの受動型のアート活動との区別は、その様子を記録した写真などを利用しての確認では困難である。

　それ故に、その違いをわかりやすく確認するための指標が必要となる。社会包摂のためのAPSは、過程や終了後の作品を利用する中で、①関わる人の人数や属性が多様になる（増加する）こと、②〈与える／与えられる〉といった上下関係から、水平な関係へと変化させて包まれる感覚を得ること、③その結果、対象者をはじめとする関係した人々に自主的で積極的な行動が見られること、の３つが主な特徴である。

　①に着目し、APS実施による対象者の周囲の人々の増減の変化を視覚化することは可能である。そこで、「関わり網の目指標」を提案する。まず、中心に社会包摂を進める対象者を位置づけ、その対象にもともと関係のある人たちを立場または役割別に〇として書き込み、関係を線でつなぐ。次に、APSを通じ直接的、間接的に出会った人たちを、同様に書き加えてゆく。この指標は、雪の結晶のように網の目が広がり、または交差することが理想であり、〇と線の数が増え、網が複雑になればなるほど、新しい活発な交流があったことが示され、社会包摂の理念を具体化したAPSであったことを可視化させる。

②に当たる、APSを通して、対象者が社会的に充実することを促すためにどのような働きかけを行えるのかは、マタラッソの論文"Use or Ornament?"[12]の中で個人と社会への「参加型アートプロジェクトが社会にもたらす50の効果」として整理されている（第2章）。しかし、筆者はこれとは別の切り口として、イギリスのシンクタンク新経済学財団(New Economics Foundation) が2008年に発表した「ウェルビーイングへの5つの方法[13]」に着目したい。

③については、関係者のヒアリングやアンケート (後述) によって確認ができる。

┤4├ウェルビーイングへの5つの方法 ─────

その理由はマタラッソによって導出された「参加型アートプロジェクトが社会にもたらす50の効果」は研究者向けであるために、一般の人や他分野の人には利用しにくい。これに対して、「ウェルビーイングへの5つの方法」は誰でも理解しやすく、日々の暮らしの中に取り入れやすくしている点や、異なる分野の人でも取り組みやすくしている点が優れている。

「ウェルビーイングへの5つの方法」はⅠ気づきをもたらすこと・Ⅱつながること・Ⅲ活動すること・Ⅳ与えること・Ⅴ学び続けること[14]である。対象者がこの5つを軸にそれぞれを体験する機会をもたらすようにAPSを計画する。

これらをより多く体験できることは、社会的により充実した状況を対象者にもたらすことができることになる。対象者がいきいきと暮らすことができると、前述の③の自主性や積極性のある行動が見られる。その行動は、誰から誰への働きかけなのか、その影響を誰が受けたのか、方向性を明確にするために矢印をつけた点線で書き入れる。

このようにして、APSの実施過程と制作された作品の利用を通して表れた、関わりの1つひとつを前述の〈関わり網の目指標〉に反映させ

ると、結果的に対象者が今まで馴染みがなかったような属性の人々と出会い、関係を広げることができたのか、長期的な視点に立って対象者を社会参加へと促すことを目標にしたAPSが企画され実践されたのかを明らかにできる。さらに、この指標とウェルビーイングへの5つの方法を組み合わせる⁽¹⁵⁾ことで、どの分野の現場の人にもわかりやすい判断の軸を共有し、客観的な評価がしやすくなると考えられる。

あらかじめウェルビーイングへの5つの方法を取り入れた評価シート（表2）を作成し、それに基づいてAPSを取り入れる現場での、利用者と関わる全ての人を対象にした行動、様子、状況を調査する。これについて観察、ヒアリング、アンケートなどの調査方法で、APSを取り入れる前と後の2回実施する。その結果を基に〈関わり網の目指標〉を用いて可視化し、その変化を比較する。

また、「ウェルビーイングへの5つの方法」それぞれが、企画提案段階でどれくらい実現できると予想するのか、また、実施後に実現できた

表2 ウェルビーイングへの5つの方法に基づいた評価シート

チェック	ポイント	具体的な内容
（　　）	I 場に関わる人々に気づきをもたらすこと take notice	〈評価と理由〉 ☆☆☆☆☆
（　　）	II 場に関わる人々が誰かとつながること connect	〈評価と理由〉 ☆☆☆☆☆
（　　）	III 場に関わる人々が積極的に活動すること be active	〈評価と理由〉 ☆☆☆☆☆
（　　）	IV 場に関わる人々が誰かに与えること give	〈評価と理由〉 ☆☆☆☆☆
（　　）	V 場に関わる人々が学び続けること keep learning	〈評価と理由〉 ☆☆☆☆☆
お気づきの点がございましたら、ご記載ください		

と想定するのか、その度合いについては、5つを最大とする★の数で表すこととする。

6-2 うさぎさんのおうち 壁面アートプロジェクト

┤1├ 概要

　筆者がPR財団のアート＆ヘルス基金（個人）に応募し、採択された事例について紹介する。2014年春、筆者は認定特定非営利活動法人ファミリーハウス（以下、NPO FH）[16]の運営するハウスの利用家族のために、施設の内廊下の無機質な印象を家庭的な温かい雰囲気へ変えることを目的としたプロジェクトを引き受けた。

　主なステークホルダーはNPO FHの事務局長とハウスマネージャー、チーフボランティア（福祉）に加えてPR財団（財団）で構成された。企画、実施を進めてゆく中で、特定非営利活動法人エイブル・アート・ジャパン（以下、NPOエイブル・アート）[17]の事務局長柴崎由美子やNPOエイブル・アートが主催するエイブルアート・カンパニー事業に登録している2人のアーティスト（以下、カンパニーアーティスト）[18]が関わった複数名のボランティアの方々に直接会える機会が生まれ、ある企業からはCSRの一環として素材の提供を受け、PR財団を通して出資者とその家族が紹介されるなど、次第に広がりを見せていった。

　NPO FHは小児がんなどの難病治療のために、地方や海外から大都市の病院で治療を受けている子どもとその家族を対象に滞在施設を提供

している。依頼された作品を設置する施設は、そのうちの1つであり、築地の国立がん研究センター中央病院から徒歩圏の高層マンションの3階にある。子どもたちにも覚えやすいように「うさぎさんのおうち」と呼ばれている。2家族が同時に滞在できる充分な広さがあり、車いすなどでの移動や入浴にも対応した間取りとなっている。感染症予防のために設計されている長い内廊下（廊下幅1,000mm×廊下長5,445mm×天井高2,580mm）の白い壁面が作品の設置場所として提示された。

　ＮＰＯ ＦＨの事務局長からは作品の提案にあたり、以下の5つの条件（表3）が示された。

表3 NPO FHからの5つの制作条件

① 作品は、安全性と清潔が最重視される。取り外しをして消毒・洗浄できる素材で、耐用年数は8年。 ② 納品点数は8点。春夏秋冬で季節を意識した架け替えができること。 ③ 障害のあるアーティストの作品を取り入れること。 ④ ボランティアが週1回の掃除活動⁽¹⁹⁾を通して伝えている、母親への心遣いを感じさせるアートにする。 ⑤ 利用者の多くが思春期の男子とその親。年齢幅が大きいので、子どもっぽい作品だけでなく、大人っぽい印象の作品も求めている。

　特に、③は「障害に関係なく能力を認められて社会で活躍している人の姿を、病気の後遺症で何らかの障害を抱えて生きていくこととなる子どもたちへ、未来への希望としてさりげなく伝えたい」という、事務局長をはじめスタッフからの心のこもった応援になっている。

　アート＆ヘルス基金の理念や社会包摂の理念に沿って進めるための重要な要素は、当事者がＡＰＳに参加することである。しかし、本プロジェクトでは、「うさぎさんのおうち」を利用する家族（主に母親）と患者本人に直接会うことは叶わなかった。本人は重症疾患と闘い、心身共に過酷な状況にある。それを支える家族には、少しでも心穏やかに過ご

してもらうため、継続的にボランティアとして関わっている人でさえも家族や本人に直接会わないルールになっていた。[19]その他の個人や会社のCSR活動の一環で活動しているボランティアたちも活動時間の制約があった。故に、今回はこの施設を利用する人々（当事者）と対面でのAPSを行うことは断念し、APSの間接的なアプローチを模索することとなった。

┤2├ 企画と実施

　そこで施設を利用する家族と直接会う立場にあるハウスマネージャーとチーフボランティアの2人から、施設利用者の日々の様子について丁寧な聞き取り調査を行い、その結果に基づいてAPSを企画・実施した。このハウスの通常の状況を〈関わり網の目指標〉で模式化すると、図1のようになる。[20]

　NPO FH事務局長やスタッフが当初イメージしていた作品形態は、カンパニーアーティストの作品を転写した布を複数組み合わせた、パッチワークのような作品であった。[21]先に列挙した5つの条件（表3）を鑑みれば、このイメージは、一般的に十分納得ができる。この時点では、

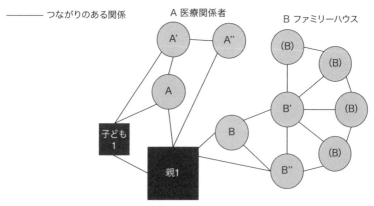

図1 関わり網の目指標（通常の状況）

アーティストが1人で作品の企画と制作をし、助成団体が提供する資金で材料費などを拠出することを想定していた。これを「受動型アート」の一般例として、図2に模式化する。

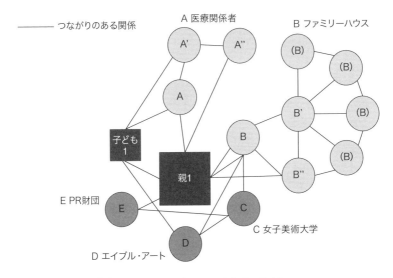

図2 関わり網の目指標（想定されたパッチワーク作品の場合）

さらに、PR財団からは2つの要望があった。

- 利用する母親、病気の子ども、ボランティアの方々をウェルビーイングの状態へ導くためのアートとすること。
- 教育目的の要素を入れること。

これはアートの力で社会に貢献、牽引してゆく次世代を育てる機会にし、アート＆ヘルス、ウェルビーイング、社会包摂という新しい理念を広く浸透させていきたいという、未来を見据えた財団の姿勢を示している。前述のNPO FHからの要望にPR財団からの要望を加えた制作条件が表4である。

表4 プロジェクトの7つの制作条件

①作品は、安全性と清潔が最重視される。取り外しをして消毒・洗浄できる素材で、耐用年数は8年。

②納品点数は8点。春夏秋冬で季節を意識した架け替えができること。

③障害のあるアーティストの作品を取り入れること。

④ボランティアが週1回の掃除活動を通して伝えている母親への心遣いを感じさせるアートにする。

⑤利用者の多くが思春期の男子とその親。年齢幅が大きいので、子どもっぽい作品だけでなく、大人っぽい印象の作品も求めている。

⑥利用する母親、病気の子ども、ボランティアの方々をウェルビーイングの状態へ導くためのアートとすること。

⑦教育目的の要素を入れること。

表5 プロジェクトのスケジュール

2014年
　8月　コンペティション告知
　9月　応募締め切り、学内審査、依頼主への第1回プレゼンテーション、
　　　　ヒアリング
　　　　ブラッシュアップ
　10月　依頼主への第2回プレゼンテーション、
　　　　本審査（審査員：NPO FH、PR財団、司会：筆者）、最終結果発表

2015年
　1月　試作開始
　2月　NPO FHのスタッフとの現場でのミーティング
　　　　（中間報告、大きさ、制作方法の検討）試作、制作
　3月　制作、作品贈呈式（1点納入）
　4月　最終納品と設置（7点納入）
　8月　NPO FHのスタッフとの現場でのミーティング
　　　　（使用開始3ヵ月のフィードバック、評価）

筆者はこれらの条件を踏まえて、形式を調整しつつ、APSの実現に向けて、プロジェクト全体の監督を担当した。そして、作品のアイデアコンペティションを筆者が所属する女子美術大学アート・デザイン表現学科ヒーリング表現領域（以下、女子美）の学部2・3年生、大学院生の計88名を対象に開催した。学部2年生1人、大学院生6人の計7人から8点の応募があった。コンペティション募集から、本審査・作品贈呈式（PR財団主催）、最終納品までの大まかな工程を表5に示す。

6-3　プロジェクトの評価

┤1├　濱名恵美「旅するアート」

　本審査ではNPO FH及びPR財団の4人が審査員であり、筆者はプレゼンテーターとして参加した。前述の「ウェルビーイングへの5つの方法」に基づいて作成した評価シートを用いたことで、評価軸が福祉（NPO FH）・助成（PR財団）・アート（女子美）のどの分野にも偏らず、かつ明確になり、合意形成がスムーズに進んだ。その結果、満場一致で、濱名恵美（当時、学部2年）の提案「旅するアート」が最優秀賞を受賞し、そのアイデアを元に作品の制作をすることとなった。濱名の提案を下記に紹介する。

　うさぎさんのおうちを利用する方々が、体調のために外出や旅行をしにくい状況でも「絵の中では色々な場所に行き、自由に旅し

てもらおう」ということがコンセプトとなっています。絵を眺めて少しでもほっとする時間をもっていただけるよう願っています。

　濱名が最も高く評価された点は、社会包摂とウェルビーイング、アート＆ヘルスに通底する理念を充分に理解し、提案の中で明確に表現できていたことにある。それは、大きく分けて２つの傾向から読み取ることができた。１つ目はカンパニーアーティスト本人と、作品に対する姿勢からであった。エイブルアート・カンパニーを下部組織に持つNPOエイブル・アートでは作品群を提示する際に、カンパニーアーティスト１人ひとりの簡単な紹介文を必ず添えている。それらを読み込み、人となりを大切にしたうえで、秦美紀子と中原健太郎との共作を決定していた。[22]それぞれから４点ずつの作品を選定している。

　２つ目には、カンパニーアーティスト、病気の子どもとその保護者、美術大学の学生であり提案者としての濱名自身、これら３つの異なる立場の人による対等な関係でのコラボレーションが実現するからである。カンパニーアーティストの作品の一部を切り取って素材として扱うのではなく、全体を１枚の絵画作品として扱い、そこに濱名自身のイラスト（マグネットで付くようにし、マグネットイラストと名づけられた）を重ねることで、この作品に向かう人が自分の想像の羽根を広げて、意志を反映させ、絵画の世界に参加できる。もちろんマグネットイラストを貼り付けない、動かさないという選択をしても、作品として充分に成立している。これらの要素のうち、どれ１つが欠けてもこの提案の良さは引き出されないのである。

┤2├ 自主性や積極性のある行動とつながり ─────

　2015年１月からの３ヵ月間は、大学院生４人と筆者が濱名に協力し、アイデア提案の段階から実験や創意工夫を重ね、作品の段階まで磨き上げ、納品する作品８点（図3）の制作に励んだ。この間に、１人ひとりが

図3 旅するアート　〈季節：秋のイメージ〉
大学院生がモデルとなり、想定している遊び方を示す。
「茜色の森で」秦美紀子（エイブルアート・カンパニーアーティスト）と「マグネットイラスト」
濱名恵美（女子美術大学）のコラボレーション

図4 作品贈呈式での集合写真（写真提供 PR財団）

自発的に動くようになっていった。また、失敗を恐れずにより良い方法を見つける試みをし、互いを補い合い、教え学び合う行動も見られた。学生5人が学年の違いを超えて、1つのチームになっていく変化を見せてきた頃には、学生たち自身がウェルビーイングな状態を体験できていたと言えよう。その行動は周囲の人々に変化をもたらした。うさぎさんのおうちのボランティアたちは時間を割いて制作方法の検討会議をし、学生たちを応援した。マグネットのメーカーは材料の無償提供を申し出た。油絵や革製品など創作活動を生涯愛した、ある女性の遺族は、遺産の一部をPR財団へ寄付し、アート＆ヘルス基金の成立を後押しした。このように、作品の提案から選定、制作、納品までの期間を通してさまざまな専門や立場にある人が集まり、その輪が次第に自然に広がっていった（図4）。

　これはまさに、自主性や積極性のある行動が周囲の人とのつながりをつくり、前向きな影響を与え、その人たちが増えていくことになる良い事例である。それはグループ・活動団体・地域社会、ひいては国全体がより良い状況になっていくことの縮図となっている。つまり健康でウェルビーイングな状態をつくり出す行動は、社会包摂の概念へとつながっているのである。[23]

┤3├ アートの活用

　では、作品納品後、うさぎさんのおうちを運営する人たちや利用する母親や子どもたちは、この「旅するアート」をどのように活用し、向き合ったのだろうか。

　納品3ヵ月後の2015年8月にうさぎさんのおうちで作品の反響について調査を行った。「旅するアート」は、1度に2枚を展示することになっている。8枚のうち、季節を表現する作品は固定で掛け、外国の景色の作品は母親の入居後、落ち着いた頃を見計らって4枚のうちから好きな国を選ぶことを奨める、という使い方がされていた。この3ヵ月間

にうさぎさんのおうちの利用者は、幼児から小学6年生までの6人とその母親であった。うさぎさんのおうちでのアイデアコンペティション本審査の時と同じハウスマネージャーとチーフボランティアの2人から、利用した人やボランティアの人たちの様子について聞き取りをする機会を得た。その際に、ウェルビーイングへの5つの方法を基本にした評価シート（表6／表中には「旅するアート」の意図を筆者が記載している）に基づいて報告を受けた。実質的に報告のあったⅠ、Ⅱ、Ⅳの3つを紹介する。

Ⅰ 場に関わる人々に気づきをもたらすこと（take notice）

〈評価と理由〉★★☆☆☆ 今後、作品を通じて病気や障がいがあっても、社会で活躍している人がいるということへの気づきにつながると期待できると思う。現時点では、絵に触れる余裕のあったお子さんの年齢が低かったため、気づきにまでに至っていないよう。また、親御さんに関しても、お子さんの病状が良くなく、気づきや勇気といったところに至る状況になかったように思う。

Ⅱ 場に関わる人々が誰かとつながること（connect）

〈評価と理由〉★★★☆☆ 同時期に利用されたお子さん同士で、マグネットイラストをつけて遊んだり、絵を描いたりして楽しいひと時を過ごせたと感想をいただいた。また、飾られている絵とマグネットイラストを見て、他のお子さんやご家族を感じ、自分だけではないことを感じているよう。

Ⅳ 場に関わる人々が誰かに与えること（give）

〈評価と理由〉★★★★☆ 利用者の保護者や、企業ボランティアにとってもアートの奥にもたくさんの人の気持ちがあることが、うさぎさんのおうちの温かさを増していると思う。ボランティアにとっても、素敵な絵があるといいなと思っていた場所に、気持ちのこもった作品を飾っていただけて嬉しい。

表6 納品3ヵ月後に実施したフィードバックアンケート

うさぎさんのおうちの皆様
フィードバックアンケートのお願い

　お世話になっております。お使いいただいております、『旅するアート』は、パブリックリソース財団のアート＆ヘルス基金で推奨されているウェルビーイング・アートの考え方を取り入れて提案、実施させていただきました。その達成度を確認させて頂きたいと思います。ご協力をお願いいたします。
□ 次のⅠ〜Ⅴのポイントについて、プロジェクトの内容が該当していると思われる項目にチェック（○）をいれて、達成度を★（最大5個）で示してください。
□ その理由について、インタビュー形式（もしくはメール）で具体的なエピソードなどをお答えいただければと思います。
□ 最後に、お気づきの点がございましたら、自由にご記載をお願い致します。

お立場＿＿＿＿＿＿＿＿＿　　記入日 2015年7月＿＿＿日

チェック	ポイント	具体的な内容
（　　）	Ⅰ 場に関わる人々に気づきをもたらすこと take notice	〈作品の意図〉障害者の作品をもとにした作品に見たり触れたりすることを通じて、病気があったり、障害があったりしても、社会で活躍できることに気づき勇気をもらえるようにする。 〈評価と理由〉 ☆☆☆☆☆
（　　）	Ⅱ 場に関わる人々が誰かとつながること connect	〈作品の意図〉お母様、お父様、お子様が施設に滞在したほかの方の存在を知ることで励まされる。 〈評価と理由〉 ☆☆☆☆☆
（　　）	Ⅲ 場に関わる人々が積極的に活動すること be active	〈作品の意図〉複数の作品の中から、利用するお母様やお父様が、自ら作品を選んで壁にかけることができる。 〈評価と理由〉 ☆☆☆☆☆
（　　）	Ⅳ 場に関わる人々が誰かに与えること give	〈評価と理由〉 ☆☆☆☆☆
（　　）	Ⅴ 場に関わる人々が学び続けること keep learning	〈評価と理由〉 ☆☆☆☆☆

お気づきの点がございましたら、ご記載ください

ご協力ありがとうございました。

┤4├ 予想を超えた出来事

一緒に遊ぶことができた

　当初の予想を超えた2つの出来事も出現したとの報告もあった。

　1つ目は、同時期に入居していた子ども同士（幼稚園年少と小学校高学年）が一緒に遊ぶことができた。このような状況は2011年にうさぎさんのおうちが開設されて以来、めったに目にしない光景とのことである。

　子どもたちは、マグネットイラストをつけ合って遊んだ後、その絵をスケッチブックに模写した(図5)。ウェルビーイングへの5つの方法のうち、I イラストの裏が磁石になっていることに気づき、II 始めて会う同じような病気を持つ友達とつながり、III 積極的に活動し、IV 互いに与える、という機会を引き出している。

図5 子どもたちが発見した遊び方
（写真提供 NPO FH）
マグネットイラストがドアにも貼れることにI気づき、自ら積極的に発想して、III行動している。ここにもウェルビーイングへの5つの方法のうち、2つが表れている。

互いの存在を感じることができた

　２つ目は、前の利用者が「この作品のマグネットイラストを自由につけ外して遊び、壁に掛けたこと」、今後も次の利用者が「この作品で同様に遊び、壁に掛ける予定があること」を利用者にお知らせしているので、残っている作品（図6）を目にすることで、互いの存在を感じることができたことである。

　これも同様に、ウェルビーイングへの５つの方法のうち、Ⅰ前にも遊んだ人がいることに気づき、Ⅱ 同じような病気を持つ子どもとつながり、Ⅲ ２人で積極的に遊んで、Ⅳ 互いに暗に「励まし」を与え合う機会を引き出している。一見したところは小さなことに見えるが、その意義に気づき、清掃の際にマグネットイラスト片付けずに遊んだ跡をあえて保管し、次の利用者の目に触れさせる行動を自発的にとったハウスマネージャーの配慮があったからこそ、この貴重な機会は生まれているのである。

図6「旅するアート」（写真提供　NPO FH）　前回の利用者（子ども）が遊んだ跡を留めている様子

「関わり網の目指標」にプロット

　あるボランティアからは「今日は、マグネットイラストがどんな風につけてあってどんな絵になっているのか楽しみ。利用者の方とは直接会わないので、どんな方か想像できるし、前の週と変化がなければ大変な時期でいらっしゃるのかと想像して気にかけられるようになった」との感想を得た。このように、納品後には想定外と言える利用者の子ども同士の交流や、直接には会うことのない人同士の交流のきっかけもつくり出していることがわかる。この関係を〈関わり網の目指標〉にプロットし、対象者と関係者のつながりを示した、「つながりのある関係」（実線）と、「対象者の自主性のある行動」（点線と矢印）で模式的に示すと図7のようになる。

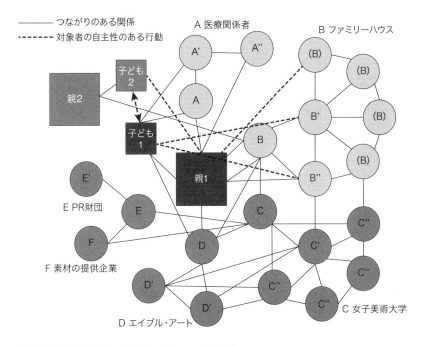

図7 関わり網の目指標（「旅するアート」の場合）

6-4　APSと受動型アートの違い

　本プロジェクトでは大学内でアイデアコンペティションを開催したため、審査や評価の機会が多かった。審査や評価は、NPO FH事務局長、うさぎさんのおうちのハウスマネージャーとチーフボランティア、PR財団の4人で行われた。この4人に、取り組み当初である2014年6月と、納品3ヵ月後となった2015年8月に、現場での聞き取りとアンケート調査を実施した。利用者やボランティアの様子について、前述のウェルビーイングのへ5つの方法 (表2) に基づいた質問をしている。この2回の調査結果を基本の指標に反映させ、両者 (図1、図7) を比較して変化が仮定と合致して表れているかを確認、考察をする。

　まず、施設の利用者である母親と子どもを中心として、関係する人々の職種やつながりを示す○の数は10個から22個へ、2倍以上に増えた。直接的に利用者を支える人数に変化はないが、間接的に支えている人数が増加した。また、それぞれの○から伸びる線の数は21本から、〈与える／与えられる〉という立場が固定化していることを示す実線が48本、対象者の自主性のある関係を示す点線が5本の合計53本、2.5倍に大幅な増加を示した。特筆すべきは、病気と闘っている子どもから、自主的な行動があったことを示す点線と矢印が複数出ていることである。

　この指標で視覚化された変化について、ハウスマネージャーとチーフボランティアは、アンケートの中で以下のように綴っている。

　・打ち合わせを重ね、素材や内容を吟味して設置をした絵があること自体が、利用者にとって1つの応援メッセージになると思う。
　　（素敵な絵ということだけでなく、安心安全・衛生面、また利用者も参加でき

るというところまで考えられたものであることが大きい)

・利用者・ボランティアをはじめ外部からの来訪者にも、うさぎさんのおうちがたくさんの人の気持ちや協力によって、より良い温かい環境で利用者を迎えているということが伝わっていると思う。

・絵を設置することで終わりではなく、その絵がどのように活用されているのか、またより活用されるため、喜ばれるために、どんな改善や工夫が必要なのか？を考え継続して関わろうとしてくださる姿勢がとても素晴らしいと思った。

　試みに、NPO FHが本プロジェクトを立ち上げ、当初イメージしていたパッチワーク作品が行われたと想定すると、前述の図2に示したようになる。

　図1に比べて○と線の増加は見られる。しかし、それぞれ3個と5本であり、図7と比較するとそれほど大きな変化、つまり影響は見られないことが予想された。このような違いが一目瞭然であることは、この指標のシンプルさと使いやすさを示している。社会包摂を目的とした、ＡＰＳと、医療・福祉施設やコミュニティで一般的な「受動型アート」との違いが明確になったと言える。

注

(1) 東京都生活文化局文化振興部企画調整課「東京文化ビジョン［概要版］」、東京都、2015年3月、p.3. https://www.seikatubunka.metro.tokyo.lg.jp/bunka/bunka_seisaku/houshin_torikumi/files/0000000210/summary_s.pdf

(2) 代表例として、日本財団「日本財団2024年度助成金申請ガイド」（8審査の視点）https://www.nippon-foundation.or.jp/grant_application/programs/common

(3) アーツカウンシル東京「平成27年度 芸術文化による社会支援助成」、2015年 https://www.artscouncil-tokyo.jp/ja/what-we-do/support/grants/social-grant-rogram/7700/

(4) 前掲 (1)、pp.18-25. https://www.seikatubunka.metro.tokyo.lg.jp/bunka/bunka_seisaku/houshin_torikumi/files/0000000210/summary_s.pdf

(5) 公益財団法人パブリックリソース財団「アート＆ヘルス基金」、2015年 https://www.public.or.jp/
ドリームニュース「パブリックリソース財団のアート＆ヘルス基金が、認定NPO法人ファミリーハウスが運営する「うさぎさんのおうち」へ「旅するアート」展示を寄贈」https://www.dreamnews.jp/press/0000109329/
エイブル・アート・ジャパン「事業報告」http://www.ableart.org/topic/others/201504art%26health.html

(6) 首相官邸「一億総活躍社会の実現」、2015年10月 http://www.kantei.go.jp/jp/headline/ichiokusoukatsuyaku/index.html

(7) Arts and Public Health などと呼ばれる場合もある。このパブリックヘルスの内容は予防医療、地域包括ケアを含む。また、Arts in Communities や Arts in Hospitals もこの流れの1つである。

(8) イギリス以外でも活動のリンクがある。例えば、オーストラリア「Australian Centre for Arts and Health http://www.artsandhealth.org.au

(9) 厚生労働省、「健康日本21(総論)」、2000年 https://www.mhlw.go.jp/www1/topics/kenko21_11/s0f.html

(10) 原文は Health is a state of complete physical, mental and social well-being and not merely the absence of disease or infirmity
公益社団法人 日本WHO協会「世界保健機構 (WHO) 憲章とは」https://www.japan-who.or.jp/about/who-what/charter/

(11) 例として厚生労働省では2014年度から「障害者文化芸術活動普及支援事業」を実施している。https://arts.mhlw.go.jp/

(12) Matarasso F, "Use or Ornament? -The Social Impact of Participation in the Arts", Comedia.1997.

(13) "Five Ways to wellbeing", New Economics Foundation, 2008. https://neweconomics.org/uploads/files/five-ways-to-wellbeing-1.pdf

(14) Five Ways to Wellbeing は、イギリス政府未来シンクタンク "Foresight" から New Economics Foundation (新経済学財団) への受託研究の一部が発展してできたものである。Foresight の "The 2008 Mental Capital and Wellbeing Project" はイギリスにおいて社会的、個人的効用のため Mental Capital and Wellbeing を人生の中で最大化するための主要因が何であるかを分析することを目的とした。分析モデルにおいて Mental Capital とは回復力、自己肯定感、認知能力、ストレス状況に直面した時の心の知能指数を言い、個人が社会に対してどのくらい効率的な貢献をし得るか、個人の生活の質を高めることができるかを左右するものである。また、Mental wellbeing とは、個々人が自分の潜在能力を発達させることができる、生産的、創造的に働くことができる、強く前向きな他人との関係を持つことができる、コミュニティに貢献できるといった幸福感、満足感で

ある。例えば、"give"について言えば、誰かに何か良いことをすることで（giveすることで）ほとんどの場合、「ありがとう」と言われ、満足感が増加して、再び誰かにとって良いことをする循環をもたらす（前掲 (13)）。

受託研究の最終報告書"Mental capital and wellbeing-making the most of ourselves in the 21st century" (p.10.) には下記の記載がある。

「個々人の精神資本とウェルビーイングは人生の経路に決定的に影響を与える。その上、家庭、コミュニティ、社会が健全に機能することに決定的に重要であるとともに、基本的には (個々人の) 行動、社会的結合、社会包摂そして我々の繁栄に影響を与える」

すなわち、日々個人で実践できる5つの方法により、個々人が自らの精神資本とウェルビーイング (社会への貢献を含む) を向上させることを介して、（家庭を含む）社会が健全に機能する状態 (社会的結合、社会包摂) に近づくことができることとしている。

精神資本とウェルビーイングを増進するため、日々、個々人において実行しやすいこの方法論は発表以来、イギリス全土に広まった。それがどのように使用されてきたかについては下記の報告書がある。

Aked J, Thompson S, "Five Ways to Wellbeing–New applications, new ways of thinking", New Economics Foundation,2008 https://neweconomics.org/uploads/files/d80eba95560c09605d_uzm6b1n6a.pdf

(15) マタラッソが社会的効果を明らかにした参加型アートプログラムと、上記Five Ways to Wellbeingが大きく異なるのは、後者がアートプログラムやその文脈への理解を必ずしも必要としないことである。それ故、5つの方法論のアンケートへの組み込みはアートに直接関わらない人々がふりかえりやすいものとなる。

(16) 認定特定非営利活動法人ファミリーハウス『ホスピスから学ぶホスピタリティ研修事業報告書』(認定特定非営利活動法人ファミリーハウス、2013年、p.1.) によれば、日本で小児慢性特定疾患をはじめとする重い病気と闘っている子どもは、10〜20万人と言われている。そのうち、自宅から離れた病院での治療が必要な家族に「病院近くのわが家」として過ごせる患者家族滞在施設が必要になる。NPO FHはその施設を提供している全国約70団体の1つである。2022年度には8施設15室を運営し、238家族、延べ4,936人の方々が利用している。https://www.familyhouse.or.jp/organization#1486517839728-6efde71d-9e19

(17) 特定非営利活動法人エイブル・アート・ジャパンとは、2007年4月に障害のある人がアートを仕事にできる環境をつくることを目的に設立された。障害とアートを軸に活動してきた3つのNPOが共同で運営。障害のある人のアート (絵画・イラスト・書など) を、広告や商品のデザインに使用することを仲介し仕事につなげている。http://ableart.org/

(18) カンパニーアーティストとはエイブルアート・カンパニーに登録している障害のある作家のこと。https://www.ableartcom.jp/

(19) 2014年当時は、レギュラーで活動しているボランティアは、利用者の生活面を支えるために、週1回の掃除を担当していた。この時、利用者の日々変化する微妙な精神状態を考慮して、ボランティアは直接会わないルールになっていた。過去に利用者と同じような立場の経験者も多く、応援していますという気持ちを込めて洗濯機の裏まで掃除するほど5S (整理・整頓・清掃・清潔・躾) を徹底されていた。

(20) 図1・2・7の記号はそれぞれグループ、立場の人を以下のように示している。
A＝医療関係者：A 医師/ A' 看護師/ A"ソーシャルワーカーなど
B＝NPO FH チーム：B 事務局/ B'ハウスマネージャー / B"チーフボランティア
(B) 個人や企業からのボランティア
C＝女子美術大学チーム：C 教員/ C' 大学生/ C" 大学院生
D＝エイブル・アート
：D 事務局/ D' カンパニーアーティスト
E＝PR 財団：E 事務局

　　　　　F＝素材提供の企業

(21) 初回のヒアリング（2014年5月／NPO FH の本部事務所）にて聞き取った内容である。

(22) 採用したカンパニーアーティスト2人の紹介。

　　　　　秦 美紀子（はた みきこ）：1954年生まれ。大阪府在住。身体が不自由になったとき「収入のことは考えず、才能があることを」と決心し、自宅のアトリエで制作しつづけている。主にアクリル画を中心に、自身の空想を描いている。昔から絵本作家に憧れ、いつも夢の世界を描きながら生きているという。https://ableartcom.jp/hata-mikiko/　本プロジェクトでは『青い思い出』他、3点を選んだ。

　　　　　中原 健太郎（なかはら けんたろう）：1989年生まれ。長野県在住。2歳頃から言葉で表現できないおもいを伝えるように、みたものや感じたものを絵で表現するようになり、本人にとって絵はなくてはならないものとなる。養護学校小学部4年の時、美術専攻の担任教諭のアドバイスもあり「油性ペンで線描し、水彩で色付けする」という画法を始める。海外の風景写真を好み、描きたくない建物は削除し、好きなものを描き足したりもしている。https://ableartcom.jp/nakahara-kentaro/本プロジェクトでは『ベニス』他、3点を選んだ。

(23) ケイト・ブルーム講演「切り札としての芸術―健康で人間的な生き方を、全ての人に」（アートミーツケア学会大会2013年度総会・大会／2013年11月16日／於金沢美術工科大学）学会講演のため、筆者がイギリスから招聘した、大学院留学時代の師であるケイト・ブルームは講演で、イギリスにおける近年のウェルビーイングの盛り上がりの契機について、2010年に成立したキャメロン政権（保守党）において、それまで心の健康の問題として捉えられていたウェルビーイングを政策アジェンダとして高く掲げ、国家統計局に計量させようとしたこと、国富だけでなく、国のウェルビーイングを計量することが政府が国民に "the good life（よい生活）" を送る支援をしやすくすると述べたことを紹介した。

第7章

次世代ユニバーサルアートイベント：9＋3＋3

本章では前章までの知見を活かして新たに社会包摂のためのアートプログラム（以下、APS）の枠組みを持つ「次世代ユニバーサルアートイベントのつくり方9＋3＋3」（図1）を提案する。

アートプログラムで期待できること

┤1├感覚を味わう

　社会包摂を政治的課題とする国は多いが、それが十分に進んだ社会は「まだ誰も体験したことがない」と言えよう。本章のアートプログラムは、性別、年齢、国籍の違いを超えた小さな「公共圏」を、シミュレーションとして数時間つくり出し、「インクルーシブな（ユニバーサルな）[(1)]社会とはこういうものか」といった感覚を参加者が味わうことができるように設計されている。自分とは異なる背景・特性を持つ人々からポジティブに受け入れられる体験を通して、共に生きるための具体的な方法を試すことができる。それらをアレンジして自分の日常生活に取り入れたり、新たな関わりが生まれたり、行動に変化が起きたり、意識が変わったりすることが期待されている。そのためには、1回限りではなく、何回もさまざまなアートプログラムを体験することが望ましい。筆者が提唱するAPSの企画、実施のポイントと詳細な内容を別途冊子にて公開している。それは、社会包摂が進んだ社会をつくっていくためには、多くの人にAPSが開催され、参加されることが必要だからである。

図1「次世代ユニバーサルアートイベントのつくり方9＋3＋3」（冊子表紙）

┤2├ 全体を通して参加者の行動変容をもたらす ───

　APSの全体像を示す「次世代ユニバーサルアートイベントとは？」（図1、図2）では、さまざまな特性による価値観の違い、能力への思い込み、「アート」へのステレオタイプなイメージの3つの山を越えて、誰もが楽しめるアートイベントとすると宣言することから始めている。これは、インクルーシブな社会像を描いていると同時に、一般の人々にとってアートとは美術館に展示されているような絵画や彫刻であるという思い込みやアート活動の経験をすることへの苦手意識を取り除き、文化芸術（アート）の社会的価値を引き出すための、いわば「創造性を原動力とするロケット」に搭乗して3つの山を超えてもらうことを目的としているからである。つまり、完成された造形作品の質の高さを目指すのではなく、アートプログラム全体を通して参加者の行動変容をもたらす「コミュニケーション」「協働プロセス」の質を重視している。これは、

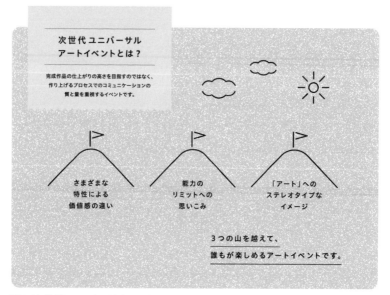

図2 次世代ユニバーサルアートイベントとは？

開催スタッフのファシリテーション力が求められることも意味する。大切なのはスタッフ同士の信頼関係、ミッション共有の強度、そしてそこから生み出される「あたたかく参加者を迎え入れる雰囲気」である。

┤ 3 ├ 4つの要請

　4章で紹介したバーミンガム子ども病院のアートプログラム［ギャラリー37］は、ホスピタル・アートマネージャー、アーティスト、プレイセラピスト、アートボランティアでスタッフが構成される。アートプログラムの責任者であるホスピタル・アートマネージャーは、テーマをその地域の若者の流行から組み立てるとともに、スタッフ全員に対して

　　①参加者の様子に気を配ること
　　②参加者に平等に接すること

③自分の作品を制作して、この時間と経験を楽しむこと

④建物の外まで出て、参加者たちを温かく迎え、見送ること

の4つを要請する。

　一般の造形ワークショップとの最も大きな違いは③「自分自身も制作をし、楽しむこと」と『「外枠」を守る（見守る）こと』との差異である。両方とも「参加者の主体的な作品づくりのための環境」をつくっているのだが、物理的に参加者の外側にいるのか、それとも参加者の隣にいるのかによって「場」全体に流れる雰囲気は異なってくる。「見守ること」は、個々の参加者が見守られている安心感を持つ場合もあれば、制作に集中しているかどうかを監視されているという緊張感を感じる場合もある。それに対して、ボランティア、ファシリテーターたちと参加者が同じテーブルにつき、楽しみながら制作をし、会話も交わしやすい環境では、次第に他の参加者たちとも打ち解けていく。「制作すること」に加えて「他者と出会い、アートプログラムの最中に起きた全てのことを楽しむ、ゆとりが「場」に生じやすい。

　④の迎え入れや見送りがスタッフ全員に求められるのも作品づくりではなく、このような「場」づくりを大事にしていることを、参加者たちに伝えるためである。また、ファシリテーターが「主」でボランティアが「従」という関係と違い、スタッフ全員が参加者を温かな雰囲気に包もうというミッションを共有していることで、スタッフ同士の動きに現れる水平な信頼関係に参加者たちが「共感」し、「伝播」していくという意味も大きい。

　こうした包摂感を重視したアートプログラムは（健常者でもマジョリティでもない）社会的に排除されがちな参加者が包摂され、排除される人が誰もいない感覚を味わってもらうことに第一義がある。

7-2 一般的なワークショップとの比較

　美術館での造形ワークショップのコンテクストと異なり、社会包摂のためのアートプログラムと近接領域にある2000年以降の教育学・心理学を背景とした一般的なワークショップ研究や実践についても触れておきたい。

　2000年に発刊された日本で最初の一般的なワークショップ概説書である中野民夫『ワークショップ』[2]以降、特に心理学・教育学の分野での知見がワークショップに援用され、理論書として2010年代前半には苅宿俊文・佐伯胖・高木光太郎編『シリーズ ワークショップと学び』（1～3巻）[3]が発刊された。実践初心者への叢書としては茂木一司（編集代表）『協同と表現のワークショップ』[4]、山内祐平・森玲奈・安斎勇樹『ワークショップデザイン論』[5]、木下勇『ワークショップ―住民主体のまちづくりへの方法論』[6]などがある。

　茂木らは中野によるワークショップの歴史を踏まえており、その構成は実践初心者の疑問に答えるものとなっている。デイビッド・ゴルブがまとめた経験学習の3つの系譜として、山内らは哲学者ジョン・デューイと並んで心理学者ジャン・ピアジェや社会心理学の父であるクルト・レヴィンを挙げ、中野が示したデューイを基層とする展開図[7]とは異なる見取り図を示した。そこでは21世紀型スキルとしての、創造性育成のための「創造して学ぶ」ワークショップに力点を置いている[8]。

　木下は、自身が1980年代、及部克人やローレンス・ハルプリンのテイクパートワークショップ、フィリピン教育演劇協会 (PETA) の演劇ワークショップを同時代的に学んだワークショップの草分け世代でもあることから、米国で1960年代に行われたまちづくりへの住民参加の歴

史から、1980年代の日本におけるワークショップ受容のリアリティを伝えている。また、そのまちづくりへの応用基盤として、グループ・ダイナミックスやアクションリサーチ、「場の理論」を生み出したことで知られるクルト・レヴィンや、PETAの演劇ワークショップとの類似点を持つヤコブ・モレノの心理劇を位置づけている点にその特徴がある[9]。

　何を目的としてワークショップを行うかによって力点は異なるが、どのワークショップであってもその基本的な構造（グランドデザイン）は、苅宿が提起する「協働性」「身体性」「即興性」「自己原因性感覚」としていいであろう[10]。苅宿は、デューイ的なアプローチでワークショップを「コミュニティ形成（仲間づくり）のための他者理解と合意形成のエクササイズ」とした上で、それだけでは学習論がないとして、発達心理学から生まれた社会構成主義のヴィゴツキー的なアプローチをその主軸としている[11]。苅宿のグランドデザインが有用なのは、学習論が補完されているという意味だけでなく、苅宿自身が現代日本の社会状況を、文化や格差などによってさまざまな価値観があり、社会の価値観を一元的にまとめることが不可能な「多元性」としてとらえていることにある[12]。

　もともと、多元的な国家であった米国において、戦後に生まれたワークショップとは、苅宿が言うところの「他者理解と合意形成のエクササイズ」であり、現在、価値が多元化しつつある日本社会においても、「異」なる他者とのコミュニケーションやそれを誘発するワークショップによって、さまざまな多様性から成る共同体をつくっていくことは時宜に叶ったものということになろう。

　基本的な構造（グランドデザイン）のうち、苅宿は「協働性」を最も重要とする。共有的・相補的であることがコミュニティ形成（仲間づくり）にとって望ましい関係性であり、ワークショップにおいても、同様である。他者と関わる中で新しいアイデアが浮かび、それらを重ね合わせていくように、進展的な関係性が円環していることが肝要である。そのため参加者間の序列化・関係性の固定化を避け、参加者の交換や活動の対象の入れ替えをデザインする必要を述べている。また、この協働性を増

幅する仕組みが「即興性」や「身体性」であり、それらに支えられたワークショップにおける出来事への「巻き込み／巻き込まれる」ことで起きる感覚を「（自己・他者・双）原因性感覚」としている。即興性とはトラブルやハプニングなどの「異」を取り込んでいくものであり、偶発的に参加者の１人が「当たり前」の革新を行うことで、それが他の参加者に広がり、劇的に関係性の変化が起きるとする。身体性は協働性の増幅に向けて、身体を通した自分や他者の不安定な関係性と非言語による協調的な関係性という、非日常的な状況を経験することで生成される「気づき」としている。加えて、苅宿は、認知心理学者である佐伯胖の研究を援用し、「自分が外界の変化の原因になりたいという感覚」である自己原因性感覚と「他者が自分の変化の原因ととらえる感覚」である他者原因性感覚があることを示した上で、これら２つの原因性感覚が相互作用を通じ一体となった「私も相手を変え、相手も私を変える原因になりえるという感覚を持つ」双原因性感覚こそが、ワークショップにおける協働性を支えるとする。[13]

　ワークショップが「共有的、相補的」にデザインされることで、触発的な関係性が円環していき、そのことが多元的な「他者」を理解し、「他者」と合意を形成するためのエクササイズになると苅宿らは述べている。ワークショップが1960年代の米国を主な出自であることを鑑みると、その「他者」には本来的にエスニシティ、ジェンダー、障害、所得格差といった、さまざまな「異」が入っていたはずである。当時の米国ではその「異」同士のズレが同時代の日本とは比較にならないぐらい大きかったわけであるが、現在の日本も近々に同じような状況になると想定する時、その準備・対応としてのワークショップは多様な参加者で構成されることで、エクササイズとしての質が向上すると言えるだろう。

　それでは本書が提案するAPSと苅宿らが示すワークショップの違いは何であろうか。

APSとワークショップの違い

　その違いは苅宿、佐伯、高木書に含まれる茂木一司の論文「特別支援教育とワークショップ─障がいを乗り越える(造形)表現ワークショップと身体・メディアの可能性」の特別支援学校に在籍する子どもたちを対象としたワークショップに顕著に見出すことができる。茂木は比較的重度の肢体不自由児たちを対象に、視線や指だけのような微かな動きであってもメディアアートによって拡大し、感受できる「身体性の拡張」に着目した。[14]そのメディアアートを使ったワークショップを教員養成課程の学生とともに行うことで、「美術教育が持つ技能主義・作品主義という呪縛を簡単に乗り越えるという成果」があったとする。具体的には教員養成課程の学生の障害児への思い込みを取り払い、活動自体を楽しむプロセス主義への学習観の転換である。茂木の主眼は教員養成課程の学生の学習観をアンラーンする(学びほぐす)ことにあり、それを障害児とのワークショップの成果としている。[15]茂木論文では、学びをアンラーンすることが目的であり、そこには美術教員養成での限界を突破したいという美術教育上の志向性が通底している。この点がAPSが目指す「社会変革」とは目的が大きく異なる。障害者・障害児との関わりで重なりを見出せるものは「ステレオタイプなイメージが壊れる」といった部分である。

7-3 アートプログラムの構築論

━━ **1** ━ インクルーシブ社会の定義 ━━━━━━━━━━

　包摂が進んだ社会、すなわち、インクルーシブな社会について筆者の定義をしておきたい。インクルーシブな社会とは、社会的に疎外されやすい人々を含む「誰もが放っておかれない状態」であり、かつ「みんながどこかで活躍できること」であり、多様性を受け入れ、互いに「寛容」な社会を言う。この３点が揃った社会がインクルーシブな社会である。政策上で使用される言語としては「居場所と出番」「一億総活躍」「ダイバーシティー」「こころのバリアフリー」などがこれに該当する。社会全体だけでなく、個々人のレベルでのインクルーシブ性がどのようであるかというと、社会的に疎外されやすい人々（マイノリティ側、例えば、障害者や高齢者、外国人など）が「包摂される感覚」を持ち、ホスト社会（マジョリティ側、健常者など）では、そうしたマイノリティへのステレオタイプのイメージが壊されている状態である。

　こうしたインクルーシブな社会へと向かうには、苅宿の示すような「コミュニティ形成（仲間づくり）のための他者理解と合意形成のエクササイズ」としてのワークショップが有用であり、主な参加者である子ども・青年たちがそうしたエクササイズを通して「インクルーシブ性とはこういうこと」と「学ぶ」ことも確かに大切である。しかし、本書ではアートプログラムは「創造する」ことを起爆剤として、集団創造のダイナミクスを最大限に活用した「インクルーシブ性の体験的理解」こそが、重要であることを強調しておきたい。「創造性」が個々人の主体性を引き出し、参加者同士の潜在能力、発想力や突発的に起きる「偶然性」へ

の対応力を生み、その相乗効果によって集団創造のダイナミクスをもたらす。換言すれば、それは協働性、身体性、即興性の上に生じる自己原因性感覚、他者原因性感覚の度重なる交換を経て、双原因性感覚に到達する。これが社会包摂を「意識化」するのである。

　アートプログラムの内容をつくるにあたって、あらかじめ、社会包摂を「意識化」することを促すポイント（必要不可欠な要素）を随所に盛り込むことが必要不可欠である。それらのポイントがアートプログラムが進む中、参加者たちが発する集団創造のダイナミクスとシンクロした時、短時間で、マイノリティ側を含むすべての人が「包摂される感覚」を得ることができ、かつ、誰もが少なからず持つステレオタイプなマイノリティへのイメージが壊され、新たな知覚と感覚が開発される。このような知覚、感覚が参加者の内面で生じる時には、楽しさと充実感、そして、他者への寛容性が自然に生まれている。これらがプログラムの質の高さにつながっていくのである。

　では、社会包摂の状態を個々人が感覚できるアートプログラムは、具体的にはどのようにしたら、構築する（つくる）ことができるのだろうか。

┤2├意識化すべきポイント、アートに含まれる創造性がもたらす特性の抽出化

　本章ではアートプログラムの構築論を述べるにあたり、ファシリテーションと内容に分けて、それぞれ意識化すべきポイント、及びアートに含まれる創造性がもたらす特性の抽出化を行い、それらを構造化する。

　各章のケースは下記のとおり、Ⅰ～Ⅳのケース番号を付け略称することとしたい（表1）。

【ケースⅠ】［ギャラリー37］

　患者の身体的だけでなく、精神的な意味での治癒力についても「家族のように温かく迎え入れられる雰囲気」の中で看護を受けることで高

表1　各章のケース名と略称番号

章	ケース名	略称
4	バーミンガム子ども病院のアートプログラム［ギャラリー37］	Ⅰ
4	バーミンガム子ども病院のアートプログラム［ファミリーデー］	Ⅱ
5	大学病院小児病棟の日常的なAPS	Ⅲ
6	ファミリーハウス「うさぎさんのおうち」壁面アートプロジェクト	Ⅳ

められ、この雰囲気は、病院にいる全ての人々（医師、看護師、病院スタッフ、患者とその家族、訪問者、患者同士）の思いやりのある（質の高い）コミュニケーションから生まれることが確認された。

　家庭や社会から排除された（放っておかれた）「寂しさ」を抱えやすい、障害者、外国人、高齢者などの参加者についても「安心感」を得ることが最も重要である。

　ファシリテーターはプロセス全体を通して「安心感をつくる」ためのしかけを盛り込む必要がある。ケースⅠからは、同じ地域を知っている者同士だからこそわかり合える話題が、ファシリテーター・参加者全員に親近感を抱かせ、活発なコミュニケーションを導くことが確認された。

　ファシリテーターが参加者と同じ地域出身でない場合には、アートプログラムの導入時に誰もが持っていて親近感へとつながる情報、知識、経験を互いに確認し合える「しかけ」が必要であり、これにより参加者同士は「安心感」を得ながら「仲間意識をつくる」ことができる。

　また、その場にいる全員に対して「平らかな関係」をつくり出すしかけも必要である。（第4章の表1にある）午前・午後のアートプログラム開始直後に参加者とスタッフが一緒にしていたアイスブレイクの特徴は、勝ち負けや優劣がつかないものや、「親」が回ってきて主従関係が次々に入れ変わるようなゲームである。これは全員の立場が同位になり「仲間」になるように導くためである。「平らかな関係」は包摂される感覚

をもたらす土台である。参加者の「居場所と出番」が確保されるために、アートプログラムのどこかで参加者全員に視覚的に見える形で「1人ひとりが主役になる瞬間をつくる」しかけを盛り込む必要がある。それはアートプログラムの実施時間外も入る。

　［ギャラリー37］では、プログラム実施の2ヵ月後に病院内の壁の色にぴったりと合う適切な場所に参加者たちの作品が常設展示された。アートプログラムを企画したジャネット（病院のアートマネージャー）によると、それらの作品群は、大人と子どもの狭間にある年齢に差しかかり、子ども病院内で疎外感を感じやすいティーンエイジ患者たちを元気づけ、この病院には自分（たち）の居場所があることを示す「ねらい」があった。

　作品を展示することの意義は、今回のアートプログラムに参加をしていないティーンエイジの患者たちにも包摂される感覚を波及させることが含められている。

【ケースⅡ】拡大パズル

　Rが企画したアートプログラム「拡大パズル」においては、その完成に向けて、参加者各自が受け持ったマス目と他の参加者が受け持ったマス目が「うまく」接合するように、参加者同士がマス目を持ち寄り、ずれている場合には、線を太くしたり二重線にしたりなどの相談をした。このことはマス目の四辺周辺の描画については、（他の参加者が描いた）隣り合うマス目の描画内容やテイストとのバランスを確保した内容にならざるを得ず、自ずと他者の描画内容への寛容さと、自分の描画内容に対する他者への寛容さを意識し合い、両者の「寛容さ」があって初めて拡大パズル全体が出来上がるという体験が盛り込まれている。

　「拡大パズル」は、一見したところ、非常にシンプルなアートプログラムであるが、協働性、身体性、即興性、自己原因性感覚、他者原因性感覚、双原因性感覚を自然に重ねる中で、自分や他の参加者の描画内容の「完璧さにこだわらない」ことが（作品全体の成立のための）コツであると、参加者各自に気づかせる「しかけ」が盛り込まれている。つまり、

参加者たちは、いくつかのポイントを押さえた上で、「寛容さ」があってこそ社会全体が成り立つことを、アートプログラムを通して体感し得る。その意味で「完璧さにこだわらない」というしかけをアートプログラムに盛り込むことは、包摂感へとつながっているのである。

　また、プレイセラピストたちの計らいで、オープンデイの後も、プレイルームを訪れる子どもたちがこのパズルで遊べる予定になっていたことにも注目したい。前述のジャネットの解説に倣えば、病気で苦しんでいるのは「自分だけではない、（直接は会えないけれども）仲間がいる」という、孤独感を軽減し、包摂される感覚をつくることにねらいがあると言えよう。

【ケースⅢ】着付けおひな様

　アートプログラム「着付けおひな様」の独自タイプの事例では、参加者（2人）が円状の台紙を見てクレープを想起したため、ファシリテーターである筆者もまた、それに同意して「クレープづくり」を提案した。当然のことながら見本は無く、筆者と2人の参加者はバナナ・ホイップクリーム・チョコソース・イチゴ・みかん・チョコアイス・イチゴアイス・ウエハースなどトッピングの種類とつくり方のアイデアを出し合い、どんどん工夫していった。

　このことから、参加者たちの気づきを基にした展開をファシリテーターが受け入れて進めること、すなわち、制作見本から離れて独自なものを制作するという「選択肢」を新たに提供することで、参加者たちはクレープをつくるという見立ての中から、ケースⅡと同様に「主体性」が促され、「力の引き出し合い」が起きた。そこでは、その場で創造性を軸としたグループ・ダイナミックスが発動しているのであり、言い換えれば、アートプログラムがもたらす独特の場の高揚感であり、個人によるアート作品の創造では決して生まれることのない、集団による創造活動がもたらす特性でもある。

　この集団創造の特性が、2〜3時間程度という短時間のアートプログ

ラムで障害の有無、年齢・国籍の違いを超えて、参加者全員に包摂される感覚をもたせるのである。これこそが、それまで体感したことのない「インクルーシブな社会」を体感することができたと感じる理由である。

【ケースⅣ】旅するアート

　筆者は、清掃などを担当しているボランティアから「今日は、マグネットイラストがどんな風につけてあってどんな絵になっているのか、楽しみ。利用者の方とは直接会わないので、どんな方か想像できるし、前の週と変化がなければ、大変な時期でいらっしゃるのかと想像して、気にかけられるようになった」と感想を得ている。

　患者とその家族の心を守るために、患者やその家族に直接に会わない決まりを尊重しつつも、間接的に、患者の健康状態や人となりが推し量られ、存在に触れられることは、ボランティアたちのモチベーションの維持や高まりにつながるであろう。また、入院患者やその家族にとっても、誰かが自分や自分たちを気にかけてくれている、言い換えれば、放っておかれていないと感覚させる。重篤な病気によって社会から孤立させられていると認識させないための「しかけ」が必要である。

┤3├「しかけ」の構造化 ─────────────

9つのしかけ

　本書ではAPSは基本的に下記の9つの構造因子 (しかけ) で成り立つと考える (図3)。

　9つの構造因子 (しかけ)、そして、その構造因子をもたらす効果 (ステップ) を関係づけたものが表2であり、各SCENEと対応させたものが表3である。これらの9つの構造因子 (しかけ) はそれぞれ特定の効果をもたらすのだが、それらの効果は一定の順序で現出する。表2に示すように、現出の順序はインクルーシブ社会の「基礎」「応用」の大きく2つのレイヤーでまとめることができる。

しかけ 9

<table>
<tr><td>しかけ
① 安心感をつくる</td><td>しかけ
② 仲間意識をつくる</td><td>しかけ
③ 選択肢をつくる</td></tr>
<tr><td>しかけ
④ お互いに力を引き出す</td><td>しかけ
⑤ 誰も放っておかない</td><td>しかけ
⑥ 主体性を促す</td></tr>
<tr><td>しかけ
⑦ 平らかな関係にする</td><td>しかけ
⑧ 完璧さにこだわらない</td><td>しかけ
⑨ 一人一人が主役になる
瞬間をつくる</td></tr>
</table>

図3 9つのしかけ

　まず、ステップⅠ〜Ⅶにあたる「基礎」では、ファシリテーターが中心になって、呼びかけ(働きかけ)と返答(反応)を繰り返しながら、参加者たちに、わからなかったら何でも聞いても良い、無視されない、安全安心な場であることを伝える。それは、1人ひとりの反応力と、それに続く創造性の芽を呼び覚ます。次に、ステップⅧ〜Ⅻにあたる「応用」段階では、さまざまなタスクを入れることによって協働化し、働きかけと反応、創造をより重層的なものにしていく。

　プログラムは、包摂される感覚をもたらす9つの構造因子(しかけ)が何度も繰り返されるように「場」「時間」「セリフ」などに、埋め込まれるように制作される。シナリオや小道具、会場の装飾にも反映される。加えて、開催当日の現場でのファシリテーションは、より多くのしかけが入れられるように、参加しているすべての人々の行動と反応をよく観察し、その場で判断や発想をして、声がけの方法、内容、立ち位置、顔や体の向きなどを調整していく。

　ハプニングも含め、シナリオ外(想定外)で行うことについては、他の

表2 インクルーシブな社会を体感する構造因子（しかけ）とステップ（効果）

	構造因子（しかけ）		ステップ（効果）
社会・基礎　インクルーシブな	①安心感をつくる	I	創造性の土台
		II	現在の帰属意識から個への解放
	②仲間意識をつくる	III	個の存在の相互認識
		IV	新たな帰属意識の創造
	③選択肢をつくる	V	参加者全員に選択（決定）権があることの伝達・創作意欲の喚起
	④お互いに力を引き出す	VI	自己開示の機会提供
		VII	チームビルディングによる創造性の醸成
社会・応用　インクルーシブな	⑤誰も放っておかない／おかれない	VIII	居場所化
	⑥主体性を促す／持つ	IX	主体性とリスペクトの相乗効果と連鎖の発生
	⑦平らかな関係にする／なる	X	立ち位置の流動化
	⑧完璧さにこだわらない	XI	「不足」をつくることによる見立てや代用の喚起
	⑨1人ひとりが主役になる瞬間をつくる／がある	XII	出番の創出

ファシリテーターとアイコンタクトやあらかじめ決めたサインによって、参加者に知られることなく、円滑に進められるよう準備を進める。

構造因子（しかけ）とステップとの関係性

構造因子（しかけ）とステップとの関係性を説明する。

しかけ① 安心感をつくる
（I　創造性の土台／II　現在の帰属意識から個への解放）

その人にとって創造的であり独創的であることは、生きることへの満足感を高める可能性が高いことを、見落としてはいけないとウィニコッ

表3 インクルーシブな社会を体感するしかけとSCENEの例

	ステップを生み出す「しかけ」	現出させるSCENE
インクルーシブな社会への基礎	①安心感をつくる	SCENE01 ウエルカム
	②仲間意識をつくる	SCENE02 呼び名紹介＆家族探しゲーム
	③選択肢をつくる	SCENE03 魚つり
	④お互いに力を引き出す	SCENE04 ストーリー（寸劇）制作
インクルーシブな社会への応用	⑤誰も放っておかない／ おかれない	SCENE04 ストーリー（寸劇）制作
	⑥主体性を促す／持つ	SCENE04 ストーリー（寸劇）制作 SCENE05 フキダシの装飾／衣装の制作・着付け／演技の練習
	⑦平らかな関係にする／なる	SCENE04 ストーリー（寸劇）制作 SCENE05 フキダシの装飾／衣装の制作・着付け／演技の練習
	⑧完璧さにこだわらない	SCENE04 ストーリー（寸劇）制作 SCENE05 フキダシの装飾／衣装の制作・着付け／演技の練習
	⑨1人ひとりが主役になる瞬間をつくる／がある	SCENE01 ウエルカム SCENE06 舞台準備、発表、写真撮影、お礼の挨拶

トは指摘する。[17] 創造性は、不安に破壊されてしまう。そこにいる人たちを信頼し、安心している時には、根強く花開くことができるのである。[18] 故に、ファシリテーターは「私たちは批判や優劣をつけない（ジャッジをしない）信頼できる人たちであり、ここは安全な場である」と、言葉、表情、行動を通して参加者に伝えることが重要である。一見、些細なことに思えるような、視覚などの障害がある者に限らず、希望する全員を対象とした最寄り駅までの出迎えは、その一例である。

　私たちは日頃、社会の中でさまざまな帰属意識を持って生活をしているが、安心感をつくるためには、それらから一旦、解放されることが必要である。特に、社会的地位や立場に大きな差がある人たちが集う場合には、そのためのしかけが必要になる場合が多い。社会的地位が表れやすいものの１つに「服装」がある。立場を表すスーツを脱ぎ、ネクタイを外して、効率を追い求める仕事モードから自由になって、一個人として参加してもらいたい。

　アートプログラム開催日の数日前に送られる参加者全員に向けた招待状に、例えば「文字かキャラクターが入っている服装でご参加ください」といった簡単なタスクを記す。このタスクがあることで当日は、「他の人たちはどんな服装で来るのだろうか？」と興味津々になる。なぜ、その服にしたのか。あ、その手があったか!! と思うような服の人もいるだろう。初めて会う人たちとの出会いを楽しみにすることができ、他者に自然に興味を持ち、その人の考えを聴きたくなり、自分の考えも聞いてもらいたくなる。このように多くの参加者が、発見、驚き、創造の扉のノブに手をかけた状況で集まるのである。

　アートプログラムの会場の入り口では、参加者たちにネームプレートが渡され、その時だけの「呼ばれたい名前（ニックネーム）」を書くように依頼する。アートプログラム中は、互いにその名前で呼び合う。いつもの自分を客観的に見ることや、今まで知らなかった自分に出会う心の準備ができる。

　もう１つ、入り口で参加者１人ひとりに渡すものに、Ａ４の紙とボー

ド、サインペンがある。参加者の中に聴覚障害や日本語を母語としない人たちが含まれる場合には、プログラムの中で、参加者の多くはそれらが、自分のメモ用だけでなく、筆談具や話のキーワードを書いて伝える道具でもあることに気づいていく。このような簡単な道具が「少しの工夫や配慮をする意識」を促すのである。

しかけ②　仲間意識をつくる
（Ⅲ　個の存在の相互認識／Ⅳ　新たな帰属意識の創造）

　アイスブレイクでは、全員が声を出すこと、その声に反応する要素を入れる。次の段階では、1人ひとりが積極的に自ら他の参加者に声がけできるようにしたい。

　それを達成するために、まずはファシリテーターが例を示した上で、参加者同士が、簡単なやりとりで繰り返し「対話」ができるようなプロセスを入れる。言葉によるものや、動きと組み合わせた方法を取り入れることで、どのようにしたら多様な人々とコミュニケーションを取れるのか、どのような配慮が必要かを自分で見つけたり、上手な方法をしている人の真似をしたりする。

　このようにファシリテーターを含む参加者同士が、声を出すことを通して存在を認識し合うことから始め、プロセスを通しての交流から6人程度の小チームが組まれる。そのチーム内には「対話」ができる雰囲気が自然に備わり、新たな帰属意識を生み出すのである。

しかけ③　選択肢をつくる
（Ⅴ　参加者全員に選択（決定）権があることの伝達・創作意欲の喚起）

　プログラムでは、ハサミやのりなどの一般的な道具の数をそのプロセスの意味合いを考慮した上で、8割程度に抑えて「少しだけ不足する」ようにものをセットする。素材や道具は、発想を刺激するようことを重視して、幅広いバリエーションでの色、手触りなどの素材や、参加者の年齢に応じた専門的な道具を準備する。参加者はその中から選択するこ

とができる。

　ファシリテーターは、参加者が迷わないように、開始時には基本的なものを、プログラムが進んでいくにつれてスペシャルなものを提供する。その頃合いによって、プログラムの満足度が変わっていくので慎重にしたいところである。

　参加者たちは、ほとんどのものを思い通りに選択できるが、志向した素材がすべて確実に入手できるとは限らないしかけも入れる。例えば、サイコロによる選択のような偶然性を入れ込むことで参加者たちには、志向したものとは若干違うものが入手されたり、また得られないようにする。そうした「ズレ」を、あえて生じるさせることで、参加者は、その状況を克服しようと創意工夫をし出し、新たな創造意欲が芽生え、思いがけない選択ができるようになる。

　この「ズレ」が生じたことをきっかけにチームメンバーの団結がより強固なものになったり、不足のものがあるからこそ、仲間のチームメンバーのことも気遣い、貸し借りなどの交流の機会ができたり、さらには、他のチームの協力を得ようと、声がけが進んだりすることもあり、しかけ④へとつながっていく。

しかけ④　お互いに力を引き出す
（Ⅵ　自己開示の機会提供／Ⅶ　チームビルディングによる創造性の醸成）

　やや難しいレベルでのタスク設定により、チーム内の個々人から協力して成し遂げようという気持ちを引き出す。そのタスクに対して違うタイプのサポートが必要な人（例えば、視覚障害者と聴覚障害者など）が複数人いることがチーム内で共有される。あるサポートは苦手であっても、別のサポートはできるということが生じ、チーム内での補い合う行動から、個々人の得意なことやできることが自ずと開示されていく。

　この自然発生的な能力の発見によって、チーム内に「すごい！」という賞賛の気持ちや信頼関係が芽生えてくる。

しかけ⑤　誰も放っておかない／おかれない
（Ⅷ　居場所化）

　初めて会う、異なる属性や社会的背景を持つ人たちとの協働は、ハプニングを引き起こしやすい。チーム内でその解決が難しい場合には、例えば、そのチームメンバー以外のファシリテーター（マルチやMCなどが中心だが、その限りではない）がいつでも一時的に協力する。

　そうした協力を目の当たりにすることが、全員に「誰も放っておかない」という意識を持たせ、行動へと促す。ファシリテーターに限らず、参加者同士が助け合うことが了解されると、その場は、すべての人にとって「居場所化」する。

しかけ⑥　主体性を促す／持つ
（Ⅸ　主体性とリスペクトの相乗効果と連鎖の発生）

　チーム内で参加者が得意なことを自己開示し、能力が開花をしていくようになると、それへの賞賛やリスペクトが生まれ、その影響から本人はより主体的に行動を取るようになる。また、リスペクトを示した人にも、よい刺激が与えられ、主体性が生まれる。

　そうした賞賛や主体性の雰囲気が感じられると、他のチームへも同様のことが連鎖していきやすい。その場全体に、クリエイティブでインクルーシブな雰囲気が満ちていくのである。

しかけ⑦　平らかな関係にする／なる
（Ⅹ　立ち位置の流動化）

　④⑤⑥を繰り返す中で、得意なことだけでなく苦手なことをも開示するようになり、お互いに認め合えるようになると、徐々に「人としての」真の部分がみえてくる。健常者―障害者／ケアする人―ケアされる人／マジョリティ―マイノリティなど、日常生活における立ち位置を流動化させ、固定化されたイメージやアイデンティティーを揺るがせば揺るがすほど、その場は平らかな関係になっていく。

しかけ⑧　完璧さにこだわらない
（XI　「不足」をつくることによる見立てや代用の喚起）

　④⑤⑥⑦の繰り返しを前提に、モノ（道具、素材）の準備やコト（創作プロセス）の流れ、ヒト（参加者）への情報保障などにおいて「完璧さ」にこだわらない。少しだけ「不足」している状況をあえてつくることで、会場内で道具の貸し借りが起きるとともに、見立てや代用のアイデアが喚起される。

　情報保障についても、プログラムであるために、すべてを確実に伝達し把握できるように行うのではなく、障害のある無しにかかわらず、曖昧な要素をあえて入れることでサポートを入れなくて良い方法を探す。例えば、池に見立てたブルーシートの上に、幾つもの吹き出しを並べる際に、一部を裏返している。誰にも書いてあることがわからない状況をつくることで、晴眼者が視覚障害のある人の「ために」すべての吹き出しを読み上げる、完璧な状況を用意する必要がなくなるのである。かつ、誰にとっても「わからないもの」をあえて釣り上げ、運試しをするなどの楽しみも加わっていく。

しかけ⑨　1人ひとりが主役になる瞬間をつくる／がある
（XII　出番の創出）

　④⑤⑥⑦⑧の繰り返しで、参加者1人ひとりが何度も主役になる瞬間を経験するが、最後に全体発表としての「出番」をつくることで、チームごとに達成感・連帯感が得られる。他のチームを含め自分たちが何をできたかを認識できることで、アートプログラムの場全体としての集団的な達成感・連帯感が生まれる。

　この達成感・連帯感がさまざまな背景の違いにかかわらず、場が一体となった、統合された感覚をもたらす。

─┤4├─ 3つの「こころえ」

　Ⅰ〜Ⅻのステップを進めていくには９つのしかけだけでは十分でなく、温かい雰囲気や安心感を生み出す３つの「こころえ」（図４）や「ファシリテーター」の役割認識（図５）も必要となる。

こころえ①　ファシリテーター同士、企画協力者との信頼関係を大切にする

　「行動」「意識（気持ち）」は自然に人々に伝播しやすい。開催者側であるファシリテーター同士や、ファシリテーターとアートプログラムの企画協力者、例えば、社会包摂やユニバーサルな社会づくりを共に目指す意識を持つマイノリティ当事者や手話通訳士などプログラムに参加する者との間に、アートプログラムの企画・準備を通して、信頼関係を築くことを目指す。それは、アートプログラムの実施中にも、お互いにいつでも助け合い、補い合おうという、ポジティブでな「行動」と「意識」として自然と現れるだろう。このような温かな雰囲気の中で、参加者を

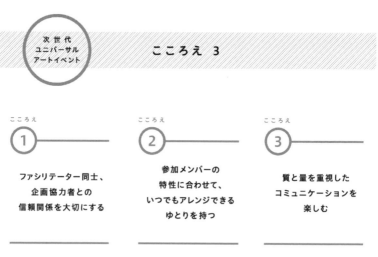

図4 3つのこころえ

迎え入れ、少しずつ、信頼関係の輪を伝播させ、開催者と参加者との間、参加者同士の間にも広げる。

これは参加者が、この経験を通して得られる「行動」「意識」の変容につながる。

こころえ②　参加メンバーの特性に合わせて、いつでもアレンジできるゆとりを持つ

プログラムの中には方法やルールが明確に提示されることがある。そうした方法やルールどおりにできなくてもそれで「よし」とすること、つまり、参加者個々人の特性に合わせて、アレンジしてもよい・アレンジできると思えることで心のゆとりにつながる。

それにより会場全体で心遣いのある一言をかけることができ、他の参加者への寛容さを持つことができる。また、知恵と工夫でアレンジできたという達成感が会場内に共有される。

こころえ③　質と量を重視したコミュニケーションを楽しむ

アートプログラムでは参加者同士が初対面の場合や、研修・授業への義務的なモチベーションの参加者も含まれる場合があることを理解しておく必要がある。そうした場合に生まれがちな参加者同士の密度の低いコミュニケーションは、それが醸し出す消極的な雰囲気が他の参加者へも伝播することがある。

ファシリテーターは、参加者それぞれの特性やモチベーションをいち早く把握し、アートプログラムを「自分ごと化」できるよう、参加者同士の関わり合いが生まれやすい状況をつくる。

┤5├ファシリテーターの３つの役割

アーティストはプログラム全体の企画を行い、ファシリテーターはアーティストと共にイベントの準備・実践を行う。アーティストとファ

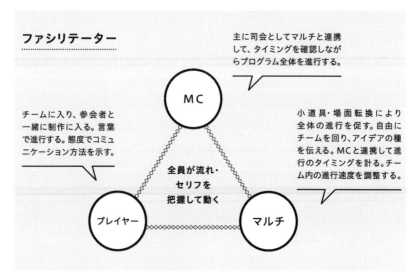

ファシリテーター
....

主に司会としてマルチと連携
して、タイミングを確認しなが
らプログラム全体を進行する。

MC

チームに入り、参会者と
一緒に制作に入る。言葉
で進行する。態度でコミュ
ニケーション方法を示す。

小道具・場面転換により
全体の進行を促す。自由に
チームを回り、アイデアの種
を伝える。MCと連携して進
行のタイミングを計る。チー
ム内の進行速度を調整する。

全員が流れ・
セリフを
把握して動く

プレイヤー   マルチ

図5 ファシリテーターの3つの役割

シリテーターは同一人物でもあってもそうでなくてもよい。

　ファシリテーターは複数人いることが望ましい。というのは図5に示すようにファシリテーターには3つの役割があるためである。それぞれ他の役割を兼ねるのは可能だが、3つの役割のうち、今、どれを担っているのかを明確に意識して行動することが必要である。

　1つ目は「MC（エムシー）」と呼ばれる全体の大まかな進行を務める役割である。

　2つ目は、「プレイヤー」と呼ばれる役割であり、参加者とは平らかな関係を築くことを意識しつつチームに入り、参加者たちと一緒に制作をしながら言葉でゆるやかに進行をする、また、チームの人々に寄り添いながら、態度でコミュニケーション方法やサポート方法を参加者に示して伝播させるようにする。

　3つ目は、素材・道具・什器などを動かすことによって場面転換をして全体の進行を促す「マルチ」と呼ばれる役割である。それ以外の時には自由にチームを回り、困っている様子ならばアイデア出しに加わった

り、他のチームの様子を伝えたり、制作を手伝ったりすることもできる。

　これにより、チーム内だけに集中しがちな参加者たちの意識を開いて、ほかのチームたちや全体の一体感をつくりつつ、「MC」と「プレイヤー」にチーム間の進行状況を伝える。

　プログラムのスケジュールと進行はあらかじめ明確に決めておく。ファシリテーターが進行や制作に (楽しくて) 夢中になりすぎないように、時間配分を共有するためであり、参加者たちに時間を守らせることが目的ではない。

　実際の進行のタイミングは、全体を見渡すことができる役割の「マルチ」と「MC」が確認し、チーム内にいる「プレイヤー」にあらかじめ決めておいたアイコンタクトなどで伝える。その際に、参加者に「あと何分です！」「○○分に終わりにしましょう！」などと、まるで業務の締め切りやテストの終了時間のように、急がせることは最も避けなければいけない。

　その代わりとして、「マルチ」による場の展開は、参加者たちに「今、取り組んでいることをそろそろ切り上げよう」と、伝える働きもする。制作時間が長引いた時に調整する方法を事前に話し合っておくことも大切である。

　ファシリテーターの全員が、全体スケジュール、流れ、セリフを把握することで、参加者たちは、まるで川の流れに心地よく身を任せるような、進行の流れに乗っていくことができるのである。これも参加者たちに安心・安全な気持ちをもたらすのである。またMC、マルチは必ず一部でも良いので、制作をする。参加者との水平な関係、仲間意識、当事者意識を育てるためである。

　この演劇のようなファシリテーションのスタイルは、「常に場の空気を読み、表情に出さない、意見を言わない、時間を厳守する」といった日本文化のコンテクストに対応するものである。特に導入部 (アイスブレイク) に「声出し・反応・掛け合い」のセリフやシーンを入れることで、参加者に「ここは、声を出していい、反応していい、批判されずにポジ

全体の流れ（全体が2時間の場合）

SCENE 01
ウェルカム

SCENE 02
呼び名紹介＆家族探しゲーム（25分）

SCENE 03
魚つり（5分）

SCENE 04
ストーリー（寸劇）制作（20分）

SCENE 05
フキダシの装飾／衣装の制作・着付け／
演技の練習（40分）

SCENE 06
舞台準備、発表（20分）
写真撮影、お礼の挨拶（10分）

アフター・ティーパーティー
アテンド

図6 次世代ユニバーサルアートイベントの全体の流れの例

ティブな反応をしてもらえる、どんな質問をしてもいい、意見交換や提案を自由にしていい、安全な場である」というメッセージを暗に伝える。

ファシリテーターは全員が流れ・セリフを覚えているので、例えば、MCがセリフを忘れてしまうなどの失敗をしたとしても、余裕をもって助けることができる。そのような状況からも参加者は「失敗しても大丈夫。笑顔で助け合い、応援してくれる」という安心感を受け取る。

この演劇的な一連の掛け合いが、自発性・協働性・身体性を引き出す

土台固めになり、次に続く SCENE での自己原因性感覚・他者原因性感覚・双原因性感覚を開きやすくしている。これらは、APSの特徴と言える。プログラムの企画者・ファシリテーターたちが役割を果たす上で、先に記した「3つのこころえ」の根幹を為すものである。

　図6は次世代ユニバーサルイベントのプログラム構成を、しかけとそれに対応する SCENE 及び時間配分として示している。

7-4 事後アンケートから導き出された3つのききめ

3つの体感要素

　APSの効果とは、その過程で参加者が疑似的にインクルーシブな社会を体感できるということである。その代表例となる3つの体感要素を「ききめ」として図7にまとめた。

　参加者がアートプログラムを通してこれら3つのききめを体感できているのかについては、事後にアンケートをとり、確認している。2018年の夏に開催された第1回目には、参加者は聴覚障害者3人、視覚障害者1人、肢体不自由者（車いすユーザー）2人、外国人1人を含む14人に3人の手話通訳士が加わった。ファシリテーター側として参加したのは学部生・院生12人、教員1人、助手1人であった。アンケートは外部の参加者14人から提出された。

　ここで分析対象とするのはアンケート設問の問いである。表4から注目すべき回答を抜粋し、分析する。

次世代
ユニバーサル
アートイベント

ききめ 3 パーソナル/ソーシャル

ききめ
①───────

迎えられる、
包摂される感覚を
経験できる

ききめ
②───────

主体的な行動から、
その人への尊敬(リスペクト)が生まれ、
ステレオタイプな見方が
変わる

ききめ
③───────

ユニバーサル化された
社会を具体的に
イメージできる

図7 3つのききめ

アンケート設問 (3)
次世代ユニバーサルアートイベントを、ここでは
「さまざまな特性による価値観の違い」「能力のリミットへの思いこみ」「アートのステレオタイプなイメージ」の3つの山を越えて、誰もが楽しめるアートイベントです。
としました。ひとつでも超えられたと思いましたか?

①〜③のどれかを選んで、お答えください。
　①　できた
　②　どちらでもない
　③できなかった

①の方にお聞きします：どの場面でもそう思いましたか?
②③の方にお聞きします：番号と理由をお書きください

表4 アンケート設問（3）の参加者の回答　（原文ママ）

	回答	コメント内容
001	①／②	楽しめるという意味では楽しめた。個人的に他の障害をお持ちの方の十二分な配慮ができたかは不明。私（車いす）への配慮や気遣いは気にならないくらい自然にしてもらえた。
002	①	（苦手を超える）人前での演技は最初は不安でしたがやりきった後は最初の不安がウソのようで楽しかったです。
003	①	（家族探しゲーム）「吹き出しで演劇」で障がいの概念にとらわれることなく、みんなで楽しもうという気持ちになった瞬間。
004	①	自分は絵を書くのが苦手なのでデッサンじゃなくて良かったです！演じることで年代や障害を越えられますね！
005	①	アートの苦手を超えるという部分が非常に良かった。アート活動に参加しているかどうかもわからないうちに巻き込まれて夢中になっていた。これもアートなの？という感じだったが非常に楽しくクリエイティブな作業の連続だった。ということは一般的なアートの既成概念も超えてますね！
006	①	「アート」というキーワードをキチンとぶらすことがなかったのでそれが良かったのではないでしょうか。
007	①	できた。聴覚の人と電動車いすの人がいる中、皆で手話を使って劇をすることが学生の方の発案でスムーズにできていた。学生の方たちの成長をとても感じました。
008	①	できた。吹き出しを自分自身がみたことがないのでどんなものかイメージできなかったので苦手を克服できた。
009	①	大学生の方がさりげなく筆談をしてくれたり通訳してくれたりしてこちらもすんなり輪に入り易く一緒に楽しむことができたかなと思います。
010	①	3つの山を超えた時、ごく普通のコミュニケーションの下、お互いに楽しみ合う、作り上げる喜びがあった。コレがユニバーサルアートのダイゴミだと実感。いろんな人が揃うからより面白いモノ（奇妙なもの、美しいモノ各々）が出来上がるんだと感じた。
011	①	できたと思います。自分たちのグループでは手話を用いて聞こえない人にも楽しめるよう工夫しました。他のグループの演劇もみんなで楽しめる内容でした（レベルが高くておどろきました）。
012	①	既成概念を超えています。静止したものをアートと見がちですがこの様な表現方法があるのかと・・・楽しすぎます。初めましての人との関わりから始まり、短時間で演技までやってしまう・・・ユニバーサルです。
013	①	「表現をする」部分がアートなんだと感じました。内容は障害の有無／年代の差も超えてハードルが低いところから始められました、自分に何ができるのか考えさせられるものがありました。
014	②	どちらでもない。まだ、今回は初めての参加ですので達成できた！！とは思えませんが、今後少しずつ既成概念を超えていきたいと思います。

「自然に」「さりげなく」

　「私（車いす）への配慮や気遣いは気にならないくらい自然にしてもらえた」(001)

　「大学生の方がさりげなく筆談をしてくれたり通訳してくれたりしてこちらもすんなり輪に入り易く一緒に楽しむことができたかなと思います」(009)

　これら2つのコメントは、しかけ⑧（完璧さにこだわらない）を意識してファシリテーター側が配慮した内容を示すと言え、その配慮のしかたが「自然に」「さりげなく」であったとされている。障害に注目することで実現する完璧な施設整備や緻密な情報保障ではない、人として自然に「気にかけている」ことが伝わり、そのことにより心地よい「包摂される感覚」を経験できたことを意味する。

「迎えられる」感覚

　「アート活動に参加しているかどうかもわからないうちに巻き込まれて夢中になっていた」(005) というコメントは、SCENE01のウエルカムによる「迎えられる」感覚が持続して、SCENE02・SCENE03・SCENE04へと影響し、

　　　①安心感をつくる
　　　②仲間意識をつくる
　　　③選択肢をつくる
　　　④お互いに力を引き出す

　といった一連の流れから参加者は身構える必要のないまま、チームビルディングやチームメンバーとの相互作用に入れたことを意味する。これは①から④までのプロセスが有機的な連続性を持つことをも示唆している。

コミュニティの一員としての感覚

　「障がいの概念にとらわれることなく、みんなで楽しもうという気持ちになった瞬間」(003) というコメントは、障害を持っているという日常の感覚から離れてコミュニティの一員としての感覚を持てたこと、言い換えれば、インクルーシブ社会を体験、イメージできていることを意味している。そして、「いろんな人が揃うからより面白いモノ（奇妙なもの、美しいモノ各々）が出来上がるんだと感じた」(010) というコメントでも、コミュニティの一員としての感覚を持ちながら楽しんでいる様子がうかがえる。

思い込みから脱する

　「他のグループの演劇もみんなで楽しめる内容でした（レベルが高くておどろきました）」(011) というコメントは、自分も含めて特別な訓練を受けていなかったり、障害がある参加者が行ったりするから、演劇をすることに限界があるという思い込みが前提にあるのと同時に、それをいい意味で大きく裏切って展開された演劇によって、さまざまな特性に対してのステレオタイプな見方が変わったことを示唆している。

　アンケートの設問の回答を、より詳細に見れば表4に記載していないが、下記のコメントが出ていることに気づく。

　「みんなクオリティー高い！皆さんのサポートのおかげで本当に楽しかったです。」(004)

　「想像を超えたパフォーマンスに目を奪われた！」(010)

　「皆セリフからイメージをふくらませて役になりきっていてとても楽しかったクオリティ高い」(012)

　ここで言う「質の高さ」は演劇界で言われるところの演技力の意味ではなく、演劇での発表者に障害・特性があることを前提にしたものであり、それゆえの驚きを表現した言葉と考えていいだろう。参加者は皆普段は文化芸術や演技といったものと離れて生活していることが多いため、「最初ははずかしかった」(001)、「人前での演技はドキドキした」(002)

のであり、人前で (慣れていない人、障害・特性のある人が) 演技をするという主体的な行動自体もリスペクトを生み出すような驚きになっているのである。

　事後アンケートの結果と、前述の３つのききめ (図7) との整合性を確認できたことが、次世代ユニバーサルアートイベントが参加者にインクルーシブ社会の体験をもたらしたと、位置づけたい。

注

(1)　「次世代ユニバーサル」という呼び名は、インクルーシブ (社会包摂) の意味であるが、広く一般に伝わりやすい言葉として採用した。
(2)　中野民夫『ワークショップ』、岩波書店、2001年
(3)　苅宿俊文 (編集)、佐伯胖 (編集)、高木光太郎 (編集)『第1巻まなびを学ぶ』『第2巻場づくりとしてのまなび』『第3巻まなびほぐしのデザイン』、東京大学出版会、2012年
(4)　茂木一司 (編集代表)『協同と表現のワークショップ―学びのための環境のデザイン (第2版)』、東信堂、2016年
(5)　山内祐平、森玲奈、安斎勇樹『ワークショップデザイン論―創ることで学ぶ』慶應義塾大学出版会、2013年
(6)　木下勇『ワークショップ―住民主体のまちづくりへの方法論』、学芸出版社、2017年
(7)　前掲 (2)、p.16.
(8)　前掲 (5)、pp.7-27.
(9)　前掲 (6)、pp.168-206.
(10)　苅宿俊文「ワークショップをつくる」(第1章) (苅宿俊文 (編集)、佐伯胖 (編集)、高木光太郎 (編集)『ワークショップと学び／第3巻まなびほぐしのデザイン』所収)、東京大学出版会、2012年、p.72.
(11)　苅宿俊文 (編集)、佐伯胖 (編集)、高木光太郎 (編集)『ワークショップと学び／第1巻まなびを学ぶ』、東京大学出版会、2012年、p.18.
(12)　苅宿俊文「まなびほぐしの現場としてのワークショップ」(前掲 (11) 所収)、p.70.
(13)　前掲 (10)、pp.73-81.
(14)　茂木一司「特別支援教育とワークショップ―障がいを乗り越える (造形) 表現ワークショップと身体・メディアの可能性」(苅宿俊文 (編集)、佐伯胖 (編集)、高木光太郎 (編集)『ワークショップと学び／第2巻場づくりとしてのまなび』所収)、東京大学出版会、2012年、p.175.
(15)　前掲 (14)、pp.190-191.
(16)　Winnicott D W,"Playing and Reality",London：Routledge, 2005, pp.71-75.
(17)　D.W.ウィニコット (著)、橋本雅雄 (邦訳)『遊ぶことと現実』、岩崎学術出版社、1988年、p.96.
(18)　前掲 (16)

笠原広一『子どものワークショップと体験理解―感性的な視点からの実践研究のアプローチ』九州大学出版会、2017年

笠原広一(著・編・訳)、リタ・L・アーウィン(著・編)『アートグラフィー―芸術家／研究者／教育者として生きる探求の技法』BookWay、2020年

笠原広一、小室明久、竹美咲(編)『まちと・アートと・場づくりと―こくぶんじアートラボ・プロジェクトの実践から』学術研究出版、2022年

加藤文俊『ワークショップをとらえなおす』ひつじ書房、2018年

川井田祥子『障害者の芸術表現―共生的なまちづくりにむけて』水曜社、2014年

川井田祥子『障害者と表現活動―自己肯定と承認の場をはぐくむ』水曜社、2020年

熊倉純子(著・監)、槇原彩、源由理子、若林朋子『アートプロジェクトのピアレビュー―対話と支え合いの評価手法』水曜社、2020年

國分功一郎『中動態の世界―意志と責任の考古学(シリーズ ケアをひらく)』医学書院、2017年

白川佳代子『子どものスクィグル―ウィニコットと遊び』誠信書房、2001年

坂田三允(編)『こどもの精神看護(精神看護エクスペール)』中山書店、2005年

坂田三允(編)『思春期・青年期の精神看護(精神看護エクスペール)』中山書店、2005年

佐々木正人『アフォーダンス入門―知性はどこに生まれるか』講談社、2008年

ジュリア・カセム(著・編)、平井康之(著・編) 他『インクルーシブデザイン―社会の課題を解決する参加型デザイン』学芸出版社、2014年

ジュリア・カセム(著)、平井康之(監)、ホートン・秋穂(訳)『「インクルーシブデザイン」という発想―排除しないプロセスのデザイン』フィルムアート社、2014年

ジョン・デューイ(著)、栗田修(訳)『経験としての芸術』晃洋書房、2010年

パブロ・エルゲラ(著)、アート＆ソサイエティ研究センター SEA研究会(翻訳)『ソーシャリー・エンゲイジド・アート入門―アートが社会と深く関わるための10のポイント』フィルムアート社、2015年

平田オリザ『わかりあえないことから―コミュニケーション能力とは何か』講談社、2012年

平田オリザ『新しい広場をつくる―市民芸術概論綱要』岩波書店、2013年

藤井あけみ『チャイルド・ライフの世界―こどもが主役の医療を求めて』新教出版社、2001年

村瀬雅俊、村瀬智子『未来共創の哲学―大統一生命理論に挑む』言叢社、2020年

森下静香、光島貴之、吉岡洋、他『ソーシャルアート―障害のある人とアートで社会を変える』学芸出版社、2016年

Crossick・G, Kaszynska・P(著)、中村美亜(訳)『文化芸術の価値とは何か―個人や社会にもたらす変化とその評価』水曜社、2022年

D・W・ウィニコット(著)、橋本雅雄(訳)『遊ぶことと現実』岩崎学術出版、1979年

D・W・ウィニコット(著)、牛島定信(訳)、館直彦(翻訳)『人間の本性―ウィニコットの講義録』誠信書房、2004年

D・フィリップス(著)、新田功(訳)『クオリティ・オブ・ライフ―概念・政策・実践』人間の科学新社、2017年

Daykin・N, "Arts, Health and Well-Being: A Critical Perspective on Research, Policy and Practice (English Edition)" Kindle版；Routledge, 2019

Fox A, Macpherson H, "Inclusive Arts Practice and Research: A Critical Manifesto", Kindle版；Routledge, 2015

Sandell R, "Museums, Society, Inequality (Museum Meanings) (English Edition)", Kindle版；Routledge, 2013

あとがき

　本書では日本の社会的文脈に合わせた、社会包摂を目的とするアートプログラム (以下、APS) とファシリテーションのフレームワークを明らかにし、理論と実践をつなぐものとして執筆した。

　筆者がイギリス・バーミンガムの大学院でArt, Health and Well-being学科を修了して帰国した2000年代中盤の日本では、社会 (的) 包摂という言葉は厚生労働省所管の政策の一部というだけで、それが文化芸術とつながるという発想や思考が全くといっていいほど存在していなかった。2010年代に入って民主党政権で本格的に政治の前面に出るようになった社会的包摂は、2013年に「劇場法」の取り組み指針に先行して盛り込まれ、2018年になってようやく文化芸術推進基本計画にも定められるようになった。1997年にマタラッソにより、「参加型アートプログラムがもたらす50の社会的効果」が発表され、それがブレア政権の社会包摂政策に取り込まれてからすでに約20年が経っていた。この間、イギリスの美術館、博物館、病院等医療施設、大学ではマタラッソ論文を起点に実に多くの研究者、実践者によりアートの社会的な効果 (機能、価値) についての質的・量的な研究や実践が行われてきた。

　イギリスでは、そもそも社会的に排除されがちな人々は不健康になりやすいという、医療者側からの研究レポートがブレア政権期の社会包摂政策に認められて取り込まれたという経緯から、社会的包摂政策と健康は一体的に捉えるべきという考えが生まれ、そして、先駆的にスタリコフに代表されるような、アートが健康に及ぼす機能を示す実践研究の積み重ねがあったため、国民的な議論を経てアート&ヘルス分野が形成・認知されるようになった。

　一方、近年になってようやく始まったばかりの日本のアートとその社会的価値を意識した取り組みでは、ほぼ一方向的に社会福祉団体・福

祉NPOからのアートへの取り組みが大きく進展しつつあることが特筆される。こうした日英の違いを考える際に重要なのは、健康とは「精神的」「肉体的」だけでなく、「社会的」な充実感がある状態であるという認識である。筆者は日本では始まったばかりの取り組みの中にこの点が意識化されていくよう、さまざまな場面で提言したいと考えている。

　こうした政策論を踏まえてAPSの構築論を紹介した。イギリスではブレア政権期以降、公的な施設でさまざまなAPSが展開されてきたが、筆者は大学院での研究と、アートボランティアとして参加した病院でのアートプログラム体験から、APSの特徴を次の３つと考えている。①関わる人の数や属性が多様になる、②〈与える/与えられる〉といった上下関係から水平な関係へと変化させて包まれる感覚を得ること、③その結果、対象者をはじめとする関係者に自主的で積極的な行動が見られるようになる。

　これら３つがもたらされるよう、構築論では第１に筆者がイギリスの病院でのアートプログラムでの参与観察からAPSのアーティスト・ファシリテーターのあるべき姿勢・条件・技術を導き出した。第２に日本に帰国してからの小児病棟での参与観察から、中長期にわたって行われるアートプログラムにおいてファシリテーター同士のビジョン共有や信頼関係の醸成に役立つ、エスノグラフィー論を参考にした「ダイアリー」と、マタラッソの50の社会的効果を下地にした「効果票」を提案した。第３にマタラッソ論文と比較して、より個人のウェルビーイングを焦点化したイギリス新経済学財団による「ウェルビーイングへの５つの方法 」を下敷きにして、関わりのある人数や対象者の自主性について、アートプログラムの前後での変化を視覚化できる「関わり網の目指標」を提案した。

　最後に構築論を元に、特性、性別、年齢、国籍の違いを超えた小さな「公共圏」をシミュレーションとして数時間つくり出し、「インクルーシ

ブな社会とはこういうものか」といった感覚を参加者が体験できる「次世代ユニバーサルアートイベント」を提案している。

　本書は女子美術大学大学院に提出した博士学位論文「社会包摂のためのアートワークショップ—日本におけるアート＆ヘルス分野の進展に向けて」を加筆修正したものである。

　学位論文の基盤となる理論については2005年から2007年までのイギリス留学時代に、ケイト・ブルーム (Kate Broom) 先生 (当時・コースディレクター) から大変丁寧なご指導を賜った。また、実践の場の提供や第一線のアーティストの紹介については、NHSバーミンガム子ども病院専属のホスピタル・アートマネージャー (当時) であり、現在は教育福祉分野の大学講師であり、研究者でもあるジャネット・ヘザリントン (Janet Hetherington) 氏にご尽力を頂いた。アクションリサーチについては、多くの機関・団体の方々よりご協力を頂いた。機関名・団体名のみとなるが、謝意を表すため時系列にてここに記す。

　　NHSバーミンガム子ども病院 (イギリス)
　　大学病院小児病棟 (日本)
　　アートミーツケア学会
　　特定非営利活動法人アーツプロジェクト
　　特定非営利活動法人エイブル・アート・ジャパン
　　認定特定非営利活動法人ファミリーハウス
　　公益財団法人パブリックリソース財団
　　特定非営利活動法人ユニバーサルイベント協会
　　株式会社UDジャパン
　　株式会社セレスポ　サスティナブルイベント研究所

　本書が書籍として成立するにあたって実に多くの人の協力があった。

中でも２時間にも及ぶインタビューに快く付き合ってくれた、古い友人でもある森合音氏（独立行政法人国立病院機構四国こどもとおとなの医療センター ホスピタルアートディレクター、特定非営利活動法人アーツプロジェクト 理事長）に改めて感謝を申し上げたい。

　また、私と一緒にＡＰＳを企画・開催してくれた女子美術大学芸術学部アート・デザイン表現学科ヒーリング表現領域の助手・在学生・卒業生、女子美術大学大学院美術研究科デザイン専攻ヒーリング研究領域の修了生、特にＴＲＹＮＥＷ！！のメンバーにも心から御礼を申し上げる。

　幸いなことに、水曜社社長 仙道弘生氏には本書の刊行を快諾してくださり、また、適切なタイミングでの貴重なアドバイスがあったため、刊行にこぎつけることができた。

　仙道氏を紹介していただいたのは、中村美亜氏（九州大学大学院 教授）である。両氏に深甚の感謝を申し上げたい。

　最後に常に私を励まし見守り続けてくれた、夫・野呂田純一に感謝したい。ありがとう。

野呂田 理恵子

野呂田 理恵子（のろた・りえこ）

女子美術大学芸術学部准教授。東京藝術大学大学院修了、環境デザイナーを経て渡英。バーミンガム・シティ大学大学院アート・健康とウェルビーイング研究科（Art, Health and Well-being）修了。美術博士。多様な人々が共に受け入れ合う経験を重ね、健康な共生社会づくりを目指す「社会包摂のためのアートプログラム」と「ファシリテーション」の実践研究を行う。日本デザイン学会会員、アートミーツケア学会理事、特定非営利活動法人エイブル・アート・ジャパン理事。著書に『まちと・アートと・場づくりと—こくぶんじアートラボ・プロジェクトの実践から』（共著、学術研究出版）。

社会包摂のためのアートプログラム入門
——クリエイティブな活動がひらく健康・ウェルビーイング

発 行 日　　2024 年 3 月 27 日　初版第一刷

著　　者　　野呂田 理恵子
発 行 人　　仙道 弘生
発 行 所　　株式会社 水曜社
　　　　　　〒 160-0022 東京都新宿区新宿 1-31-7
　　　　　　TEL.03-3351-8768　FAX.03-5362-7279
　　　　　　URL suiyosha.hondana.jp

Ｄ Ｔ Ｐ　　小田 純子
イラスト　　スハラ カリン
装　　幀　　清水 翔太郎（tokyo zuan）
印　　刷　　日本ハイコム 株式会社

地域社会の明日を描く──

文化とまちづくり叢書

移動縁が変える地域社会 関係人口を超えて
敷田麻実・森重昌之・影山裕樹 編著 2,750 円

スケートボード資本論 アーバンスポーツは都市を再生させるか
清水麻帆 著 2,420 円

フットパスによる未来づくり
神谷由紀子・泉留維 編 日本フットパス協会 監修 2,970 円

フランスチーズのテロワール戦略 風土に根づく新たな価値創出
森崎美穂子、P·ジャンノー、C·デルフォス、P·ル·ガル、須田文明 編著 2,970 円

英国のコミュニティ·アートとアーツカウンシル タンポポとバラの攻防
小林瑠音 著 3,850 円

改正博物館法詳説·Q&A 地域に開かれたミュージアムをめざして
博物館法令研究会 編著 3,190 円

長屋から始まる新しい物語 住まいと暮らしとまちづくりの実験
藤田忍 著 1,870 円

芸術文化の価値とは何か 個人や社会にもたらす変化とその評価
G·クロシック、P·カジンスカ 著 中村美亜 訳 3,850 円

祝祭芸術 再生と創造のアートプロジェクト
加藤種男 著 3,960 円

社会化するアート／アート化する社会 社会と文化芸術の共進化
小松田儀貞 著 3,520 円

事例から学ぶ·市民協働の成功法則 小さな成功体験を重ねて学んだこと
松下啓一 著 2,420 円

文化力による地域の価値創出 地域ベースのイノベーション理論と展開
田代洋久 著 2,970 円

公立文化施設の未来を描く 受動の場から提供主体への変貌に向けて
清水裕之 著 3,960 円

みんなの文化政策講義 文化的コモンズをつくるために
藤野一夫 著 2,970 円

市民がつくる社会文化 ドイツの理念·運動·政策
大関雅弘・藤野一夫・吉田正岳 編 2,970 円

全国の書店でお買い求めください。価格はすべて税込（10%）